AF453521

INSTRUCTION

SUR LE

SERVICE JOURNALIER

DE LA GARDE DE PARIS

par

LE COLONEL E. TISSERAND.

NOUVELLE ÉDITION

Autorisée par décision ministérielle du 31 janvier 1855.

Prix : 50 centimes.

Paris.

LÉAUTEY, IMPRIMEUR DE LA GARDE DE PARIS,
Rue Saint-Guillaume, 23.

1855.

AVANT-PROPOS.

1° Les militaires de tout grade qui composent la garde de Paris, ont mérité l'honneur d'y être admis par leurs bons services, par leur dévouement et par leur bonne conduite dans le corps dont ils faisaient précédemment partie.

2° Soldats d'élite, ils seront toujours dignes de la haute mission que le gouvernement de l'Empereur confie à leur vigilance et à leur courage.

3° De la tranquillité de Paris peut dépendre le repos de la France entière. Si de nouveaux désordres venaient menacer la capitale, la garde de Paris se montrerait fière de répondre à la confiance du gouvernement et des bons citoyens. Ses antécédents, sa tenue, sa discipline et son instruction militaire sont, sous ce rapport, la garantie de ce qu'on doit attendre d'elle.

4° Mais là ne se bornent pas ses devoirs. Avec les armes qui lui ont été confiées, la garde de Paris, comme la gendarmerie impériale, a reçu les pouvoirs judiciaires nécessaires pour assurer l'exécution des lois, des ordonnances et des règlements de police. Il est donc essentiel que les militaires du corps, acquièrent promptement les connaissances indispensables pour accomplir, avec intelligence, cette partie de leurs obligations.

5° C'est pour leur en faciliter l'étude, qu'a été rédigée l'instruction qui va suivre.

6° Elle est divisée en six chapitres renfermant chacun une des parties qui constituent la spécialité du service de la garde de Paris.

7° Chargés, dans la pratique de leur service municipal, de la mission, quelquefois pénible et toujours difficile, de contrarier

des habitudes prises, de calmer des impatiences, de régulariser des plaisirs ; souvent en contact avec la partie la plus tur-
bulente de la population, les gardes doivent, par leur attitude
à la fois ferme et bienveillante, amener cette population à
comprendre que leur présence au milieu d'elle est dans ses
intérêts, que leur intervention n'a pour but que la sécurité de
tous et le maintien de l'ordre.

8° Ils doivent, en toute circonstance, se garder d'abuser de
la force et de l'autorité inhérente à leurs fonctions ; éviter les
formes acerbes, les propos durs et humillants, les actes op-
pressifs qui ne seraient propres qu'à affaiblir la considération
et la confiance que la garde de Paris doit inspirer.

9° Des manières franches et militaires, l'aplomb, la dignité
de leur conduite, une politesse égale envers toutes les classes
de la société, sont les moyens les plus sûrs de se faire respecter ; mais plus les gardes auront mis de politesse et de convenance dans l'exécution de leurs consignes, plus ils devront
montrer de fermeté envers les individus qui prendraient pour
de la faiblesse les égards dont ils sont l'objet, et qui se croi-
raient en droit d'en abuser. Toutefois, il ne convient de faire
usage de la force qu'après avoir inutilement essayé les moyens
de persuasion.

10° La garde de Paris ayant des relations fréquentes de service avec les commissaires de police, officiers de paix et autres
préposés de la police, il importe que ces relations aient toujours le caractère de dignité et de convenance dont les agents
du gouvernement ne doivent jamais se départir entre eux.

En conséquence, les militaires du corps s'empresseront de
déférer aux réquisitions faites régulièrement en tout ce qui ne
serait pas contraire aux lois et aux ordres particuliers de leurs
chefs.

CHAPITRE PREMIER.

Notions sur le service municipal.

—

1re SECTION.

Devoirs généraux des Sous-Officiers et Gardes.

ART. 1er. Demande. *Quelles sont les principales attributions de la garde de Paris?*

Réponse. La garde de Paris est instituée pour veiller au maintien de la tranquillité dans la capitale et à la sûreté des habitants, préserver l'ordre public des tentatives des perturbateurs par tous les moyens qui lui sont confiés, et assurer l'exécution des lois, des ordonnances et règlements de police (*art. 67 du décret du 1er mars 1854*).

2. D. *Que doit-elle faire dans ce but?*

R. Elle prête appui et concours à tout agent dépositaire de l'autorité; elle défère aux réquisitions légales qui lui sont adressées par ces agents, revêtus des marques qui les distinguent ou porteurs de leur commission, mais elle ne doit jamais intervenir dans les discussions qui s'élèvent quelquefois entre les habitants et des agents de police, sans qu'elle en soit légalement requise (*art. 92 et 93 du décret du 1er mars 1854*).

3. D. *Quelles sont les autorités qui peuvent requérir plus particulièrement la garde de Paris?*

R. Ce sont les autorités judiciaires, les maires, les commissaires de police, les officiers de paix, les inspecteurs généraux et particuliers des marchés, de l'octroi, de la naviga-

4. D. *Quelles sont les marques distinctives des autorités qui peuvent requérir?*

R. Les commissaires de police portent une ceinture de taffetas tricolore ; les officiers de paix en portent une de taffetas bleu ; les uns et les autres ont également un costume spécial qu'ils portent avec l'épée. Les agents sont revêtus de la tenue des sergents de ville ou de l'habit bourgeois, dans ce dernier cas ils ont des cartes dont le modèle est affiché dans tous les postes.

tion et les agents de la préfecture de police (*art. 93 du décret du 1ᵉʳ mars 1834*).

5. D. *Comment doivent être faits les réquisitoires?*

R. Ils doivent toujours être faits par écrit, signés et datés, énoncer la loi qui les autorise, le motif, l'ordre, le jugement ou l'acte administratif en vertu duquel ils sont faits, et ne contenir aucun terme impératif, tel que: ordonnons, voulons, enjoignons, mandons, etc. ; cependant, si le réquisitoire contenait des termes impératifs, ce ne serait point un motif pour refuser d'y obtempérer : on se bornerait à en rendre compte au colonel par un rapport. — S'il y avait urgence, on pourrait obtempérer aux réquisitions verbales, sur le vu des ceintures ou des cartes ; mais on devrait exiger le réquisitoire écrit immédiatement après l'opération terminée (*art. 95, 96 et 97 du décret du 1ᵉʳ mars 1854*).

6. D. *Les autorités civiles peuvent-elles indiquer dans leurs réquisitions les mesures d'exécution?*

R. Oui : mais elles ne doivent s'immiscer, en aucune manière, dans les opérations militaires, dont la direction appartient au militaire du corps le plus élevé en grade, présent sur les lieux (*art. 115 du décret du 1ᵉʳ mars 1854*).

7. D. *Les gardes doivent-ils*

R. Oui : la garde de Paris

obtempérer aux réquisitions de simples particuliers ?

doit assistance à toute personne qui réclame son secours dans un moment de danger : elle doit satisfaire à ses réclamations verbales ou par écrit, en se transportant de suite sur les lieux en cas d'incendie, inondation, vol, pillage, émeute, assassinat, blessures, voies de fait, viol ou homicide, etc. (*art. 613 , 264, 278 du décret du 1er mars 1854*).

8. D. *Les sous-officiers et gardes , n'étant commandés d'aucun service, doivent-ils déférer aux réquisitions légales qui leur sont faites de prêter main-forte ?*

R. Oui : car ils doivent se considérer en fonctions partout où ils se trouvent revêtus de leur uniforme, surtout lorsqu'il s'agit du maintien du bon ordre (**art. 119 du décret du 1er mars 1854**).

9. D. *Quel est le cas où ils peuvent agir sans attendre de réquisition ou ordres supérieurs ?*

R. Lorsqu'il y a flagrant délit (*art. 251 du décret du 1er mars 1854*). (*Voir l'art. 44 de l'Instruction.*)

10. D. *Qu'entendez-vous par flagrant délit ?*

R. Le délit qui est commis actuellement ou qui vient d'être commis est un flagrant délit. — Le cas où le prévenu est poursuivi par la clameur publique et le cas où le prévenu est trouvé muni d'effets, armes, instruments ou papiers faisant présumer qu'il est auteur ou complice , sont aussi réputés *flagrant délit*, pourvu que ce soit dans un temps voisin du délit.

Est assimilée au cas de flagrant délit la réclamation ou la réquisition d'un propriétaire, d'un principal locataire ou d'un chef de maison qui appelle la garde de Paris pour constater un délit ou un crime , même non flagrant, commis dans l'intérieur de son domicile (*art. 249 du décret du 1er mars 1854.*)

11. D. *Que doivent faire les sous-officiers et gardes dans ces différents cas?*

R. Arrêter le prévenu, si c'est possible; constater son individualité; vérifier et constater avec soin les objets dont il est porteur et tous ceux qui pourraient servir de pièces à conviction; prendre le nom et la demeure des témoins; entendre leur déclaration et celle de la personne lésée; constater l'état des lieux, les traces encore existantes du crime, l'heure à laquelle il a été commis; s'il y a des empreintes de pas, en prendre le dessin et la dimension; rédiger sur les lieux un procès-verbal, et défendre, sous peine d'arrestation, qu'aucun individu ne s'éloigne jusqu'après la clôture du procès-verbal.

Si le commissaire de police, qu'ils ont dû faire prévenir, arrive pendant cette opération, les sous-officiers et gardes doivent lui remettre les renseignements obtenus, et, s'il y a lieu, l'assister pendant qu'il fera l'instruction (*art.* 239, 251 *et* 252 *du décret du* 1er *mars* 1854).

12. D. *Si les sous-officiers et gardes ne sont pas présents au moment du flagrant délit, doivent-ils, sur la déclaration qui leur en est faite, commencer une instruction préliminaire?*

R. Oui : lorsqu'il peut s'écouler beaucoup de temps en attendant l'arrivée du commissaire de police; il serait à craindre, si les faits n'étaient pas promptement constatés, que la vérité ne fût pas connue aussi bien que dans le premier moment où l'émotion du tort qu'éprouve le plaignant, et l'indignation des témoins, font qu'ils s'expriment sans ménagement, avec franchise et vérité (*art.* 261 *du décret du* 1er *mars* 1854).

13. D. *Les sous-officiers et gardes ont-ils qualité pour recevoir une plainte et pour*

R. Non : ils doivent inviter le plaignant à se rendre avec eux au commissariat de police *faire une instruction préliminaire pour les simples contraventions de police, et pour un délit, même flagrant, qui n'entraînerait qu'une peine correctionnelle?*

et y conduire l'inculpé, s'il est arrêté par eux ou remis entre leurs mains. Dans le cas de dénonciation d'urgence, ils recueillent les avis qui leur sont donnés sur les circonstances et les personnes, et se mettent en mesure de rédiger un rapport dont les détails peuvent mettre l'autorité sur les traces d'un délit quelquefois plus grave qu'il n'a d'abord semblé l'être.

14. D. *En cas de force reconnue insuffisante pour opérer une arrestation, que doit-on faire?*

R. Y suppléer en allant requérir du renfort au poste le plus voisin (*art. 136 et 137 du décret du 1er mars 1854*).

15. D. *Lorsque le chef d'un détachement légalement requis est mis à la disposition d'un commissaire de police ou de tout autre agent de l'autorité, que doit-il faire?*

R. Il doit prêter main-forte pour assurer l'effet de la réquisition et pour faire cesser, au besoin, les obstacles ou empêchements (*art. 98 du décret du 1er mars 1854*); mais il ne doit pas perdre de vue qu'il reste toujours responsable, vis-à-vis de ses chefs, de tout ce qui, dans ses actes, serait contraire aux règlements de la gendarmerie et à ses véritables attributions.

16. D. *Dans quel cas les sous-officiers et gardes doivent-ils faire usage de la force?*

R. En cas de résistance formelle aux consignes, ou de rébellion, et après avoir employé vainement tous les moyens de persuasion.

17. D. *Dans quel cas doivent-ils faire usage de leurs armes?*

R. Lorsque des violences ou voies de fait sont exercées contre eux; lorsqu'ils ne peuvent défendre autrement le terrain qu'ils occupent, les postes ou les personnes qui leur sont confiés (*art. 297 du décret du 1er mars 1854*).

18. D. *Par qui et comment*

R. Par un magistrat civil re-

doivent être faites les trois sommations prescrites par la loi, lorsqu'il y a lieu de dissiper un attroupement séditieux?

vêtu de sa ceinture; chaque sommation doit être précédée d'un roulement de tambour ou d'un son de trompette. Après la troisième sommation, l'action de la force commence, sans responsabilité des événements (*lois des 29 août 1791 et 10 avril 1831*).

Quand des arrestations sont opérées dans ces sortes de cas, il faut mentionner si c'est après la 1re. la 2e ou la 3e sommation que l'individu a été arrêté, la pénalité se réglant d'après ces circonstances.

2e SECTION.

Procès-verbaux.

ART. 19. Demande. *Quelle est l'importance légale des procès-verbaux?*

Réponse. Les sous-officiers et gardes étant assermentés, leurs procès-verbaux font foi en justice jusqu'à preuve contraire (*art. 498 du décret du 1er mars 1834*).

20. D. *Quelle obligation cette importance impose-t-elle aux militaires chargés de les rédiger?*

R. Ils doivent, pour se renfermer exactement dans le cercle de leurs attributions et les dispositions précises de la loi, se bien pénétrer des caractères qui distinguent les crimes, les délits et les simples contraventions de police.

21. D. *Qu'entend-on par contravention?*

R. Sont considérés comme contraventions de simple police, les faits qui, d'après le quatrième livre du Code pénal, peuvent donner lieu, soit à quinze francs d'amende ou au-dessous, soit à cinq jours d'emprisonnement ou au-dessous, qu'il y ait ou non confiscation des choses saisies, quelle qu'en soit la valeur (*art. 137, Code d'instr. crim.*).

Les contraventions sont du ressort des tribunaux de simple police, composés, à Paris, du juge de paix de l'un des douze arrondissements municipaux de Paris et d'un commissaire de police remplissant les fonctions de ministère public.

22. D. *Qu'entend-on par délit?*

R. L'infraction que les lois punissent de peines correctionnelles, c'est-à-dire de peines excédant 15 francs d'amende ou cinq jours de prison, est un délit.

Les délits sont du ressort des tribunaux de première instance, qui jugent alors comme tribunaux correctionnels (*art. 179, Code d'instr. crim.*).

23. D. *Qu'entend-on par crime?*

R. L'infraction que les lois punissent d'une peine afflictive ou infamante est un crime du ressort des Cours d'assises.

24. D. *Quelles sont les peines en matière criminelle?*

R. Les peines en matière criminelle sont ou afflictives et infamantes, ou seulement infamantes.

Les peines afflictives et infamantes sont : 1° la mort; 2° les travaux forcés à perpétuité ou à temps; 3° la déportation; 4° la détention; 5° la réclusion.

Les peines infamantes sont : 1° le bannissement; 2° la dégradation civique (*art. 6, 7 et 8 du Code pénal modifiés*).

25. D. *Comment doivent être*

R. Ils doivent être établis

faits les procès-verbaux et que doivent-ils contenir ?

le plus clairement et le plus succinctement possible, et contenir : 1° l'année, la date et l'heure ; 2° les nom, prénoms, grades, compagnies ou escadrons et casernes de ceux qui dressent le procès-verbal ; 3° l'indication du lieu où ont été commis le crime, le délit ou la contravention ; 4° les nom et prénoms, âge, domicile et profession du prévenu ; 5° ceux des témoins ; 6° l'exposé exact du fait, dégagé de tous événements étrangers.

Dans le cas de flagrant délit (*voir* art. 9), après avoir reçu les déclarations des habitants, des voisins, des domestiques, des parents, et enfin de toutes les personnes ayant des renseignements à donner, on doit faire signer à chacun sa déclaration, ou mentionner le motif pour lequel ils n'ont pas signé (*art. 252 du décret du 1er mars 1854*).

26. D. *Que doivent mentionner les procès-verbaux dressés à l'occasion d'individus trouvés morts sur la voie publique ?* (Voir 'art 187.)

R. Ils doivent mentionner, autant que possible, outre les faits et les renseignements recueillis, le signalement des cadavres, la désignation des vêtements, les marques du linge, les objets trouvés sur eux, les traces des coups ou blessures ; enfin, on ne doit rien négliger de ce qui peut servir à les faire reconnaître et à éclairer la justice (*art. 283 et 284 du décret du 1er mars 1854*).

27. D. *En combien d'expéditions doit être rédigé un procès-verbal ?*

R. Il doit être fait en double expédition, pour les contraventions constatées et les arrestations faites dans Paris ou hors Paris, ainsi que pour les arrestations, pour insultes et voies de fait envers les militaires du corps ; en triple expédition en matière de roulage, de grande voirie et de contrebande ; et en quadruple expédition lorsqu'il s'agit de l'arrestation d'un forçat évadé ou d'un déserteur ; dans ce dernier cas, l'une des expéditions accompagne le prévenu, les trois autres sont remises au conseil d'administration du corps, après que le capitaine de la compagnie ou escadron a certifié que l'individu a été écroué dans la prison désignée au procès-verbal. On joindra à ces expéditions le reçu délivré par le concierge de la prison (*art. 495 du décret du 1ᵉʳ mars 1854*).

28. D. *Les recherches spéciales faite en vertu de signalement, bien qu'elles aient été infructueuses, doivent-elles être constatées par un procès-verbal ?*

R. Oui : on doit en ce cas rédiger un procès-verbal de recherches infructueuses, dans lequel on relate les motifs qui en ont empêché le succès.

29. D. *Comment doivent être rédigés les procès-verbaux faits à l'occasion de contraventions commises par le cocher ou propriétaire d'une voiture publique ?*

R. Ils doivent indiquer exactement le numéro de la voiture et la couleur de ce numéro, le nom et la demeure du propriétaire, ainsi que du conducteur ; désigner l'espèce de la voiture, fiacre, cabriolet bourgeois ou de place, de l'intérieur ou de l'extérieur, voiture bourgeoise ou de remise, charrette, haquet, etc., et ne jamais omettre de mentionner si l'exhibition de la médaille, livret ou papiers de sûreté a eu lieu.

30. D. *Comment doivent être rédigés les procès-verbaux faits à l'occasion de contraventions constatées contre les chefs d'établissement, propriétaires ou principaux locataires, pour portes ouvertes, démolitions non éclairées, ou autres cas*

R. Ils doivent contenir le nom et la demeure des personnes responsables ; et si on ne peut l'obtenir après s'être adressé à elles, aux concierges ou aux voisins, on devra relater dans le procès-verbal le refus qui en aura été fait, et s'adres-

*prévus dans les chapitres sui-
vants?*

31. D. *Que doivent indiquer
les procès - verbaux faits à
l'occasion du défaut d'éclairage des rues, places, quais,
ponts, etc.?*

32. D. *Comment doivent
être rédigés les procès - verbaux ou rapports faits à l'occasion de l'arrestation d'un
garde national condamné par
jugement disciplinaire, ou d'un
individu condamné pour dettes
par suite de la réquisition des
agents chargés de son arrestation?*

33. D. *Les procès-verbaux
rédigés pour des contraventions qui auraient lieu hors
Paris, c'est-à-dire sur une
commune environnante, sont-
ils assujettis à d'autres formalités que ceux rédigés dans
Paris?*

ser au commissaire de po-
lice du quartier pour obtenir
des renseignements ultérieurs.
Dans tous les cas, on ne devra
pas se contenter de la déclaration du contrevenant, mais s'en
assurer dans le voisinage, afin
de ne laisser aucun doute sur
son individualité.

R. On doit indiquer les lanternes qui n'éclairaient pas aux
heures fixées par le tableau
d'allumage déposé dans chaque
corps-de-garde; le numéro de
ces lanternes; le nombre de
becs; la lettre initiale placée
sur chaque boîte; la rue et le
quartier où elles sont situées.

R. On doit indiquer si l'on
a été obligé d'intervenir, et si
l'arrestation a eu lieu, faire
connaître les nom, profession
et demeure de la personne arrêtée; où elle a été conduite;
enfin, si l'arrestation n'a pu
avoir lieu sans l'assistance d'un
commissaire de police, on doit
le mentionner dans le procès-
verbal. (Voir art. 169.)

R. Oui : ils doivent être visés en *débet* par le receveur de
l'enregistrement du chef lieu
du canton, et envoyés au juge
de paix du même canton.

Les procès-verbaux constatant une contravention aux règlements sur la grande voirie
ou sur la police du roulage sont
visés en débet et affirmés, dans
le délai de trois jours, devant
le juge de paix ou le maire, et
envoyés de suite au colonel
(*art. 493 et 494 du décret
du 1er mars 1854*). (Voir l'art.
27 de l'instruction.)

Ces formalités ne sont pas
nécessaires pour l'expédition

de ces procès-verbaux destinée au colonel.

34. D. *Suffit-il, pour régulariser un procès-verbal, de la signature des gardes qui ont opéré?*

R. Il faut encore qu'il soit soumis au visa du commandant de la compagnie, ou de l'escadron, afin qu'il s'assure qu'aucun vice de forme ne le rendra nul (*art. 495 du décret du* 1er *mars 1854*).

35. D. *Quels sont les cas de nullité d'un procès-verbal?*

R. Lorsqu'un ou plusieurs gardes, désignés comme ayant opéré, ont oublié de le signer; lorsqu'il est raturé ou surchargé, et que ces ratures ou surcharges ne sont point approuvées; ou, enfin, lorsqu'il existe des omissions de date, de faits indispensables, etc.

36. D. *Que doit-on faire lorsqu'il y a des mots rayés ou surchargés dans un procès-verbal?*

R. Les mots rayés doivent être déclarés nuls; les mots surchargés ou ajoutés doivent être déclarés bons. Chacune de ces indications doit être paraphée par tous les signataires du procès-verbal, on spécifiera en toutes lettres le nombre de mots rayés, surchargés ou ajoutés.

37. D. *A qui doivent être adressés les procès-verbaux ou rapports?*

R. Au colonel, dans le plus court délai possible; on ne doit jamais laisser écouler plus de vingt-quatre heures entre le fait constaté et l'envoi du procès-verbal (*art. 495 du décret du* 1er *mars 1854*).

38. D. *En cas d'événements graves ou extraordinaires pendant la journée, peut-on attendre vingt-quatre heures pour en instruire le colonel?*

R. Non : on doit alors rédiger une note succincte ou rapport analysé, et l'envoyer de suite au capitaine de semaine qui le transmet directement et sans retard au colonel. Le procès-verbal est ensuite envoyé dans le délai prescrit.

39. D. *Un seul garde peut-il constater une contravention ou un délit ?*

R. Oui : il le peut, suivant un arrêt de la Cour de cassation rendu en 1827 (p. 891, *Bulletin officiel*) ; cependant il est plus convenable que les procès-verbaux soient faits et signés par deux gardes au moins (*art. 489 du décret du 1er mars 1854*).

OBSERVATIONS SUR LES PROCÈS-VERBAUX.

Dans tous les procès-verbaux, les indications de nombres tels que : numéros de voitures, de médailles de cochers, de numéros de maisons, etc., etc., de même que les dates, doivent être portées en toutes lettres et jamais en chiffres. Sont exceptés : les numéros des articles et dates des lois et ordonnances qui y sont relatées, ainsi que les numéros des compagnies ou escadrons des militaires qui ont rédigé les procès-verbaux.

Dans tous leurs rapports ou procès-verbaux, les militaires du corps doivent être vrais, sincères, impartiaux et désintéressés ; ils doivent recueillir et dire tout ce qui est à la décharge comme à la charge du prévenu.

Il auront toujours soin d'analyser en marge l'objet du procès-verbal, et de faire suivre cette analyse du signalement du prévenu, lorsqu'ils constateront l'arrestation d'un déserteur.

3ᵉ SECTION.

Arrestations.

CHAPITRE Iᵉʳ. — Service ordinaire des brigades.

ART. 40. Demande. *Quels sont les individus que l'on peut arrêter, indépendamment de ceux pour lesquels on est requis par l'autorité ou par un chef de maison ?*

Réponse. 1º Ceux qui profèrent des propos outrageants contre les religions reconnues par l'État, contre l'Empereur, ou qui tiennent des propos séditieux susceptibles de troubler l'ordre public (*art. 86 et 202 du Code pénal et loi du 9 sept. 1835*) ;

2º Ceux qui insultent à la morale publique par des propos ou des gestes indécents (*art. 330 du Code pénal*) ;

3° Ceux qui occasionnent ou peuvent occasionner des rassemblements dans les rues, en se battant;

4° Ceux qui, volontairement, par imprudence ou négligence, auraient blessé quelqu'un ou causé quelque dégât (*art.* 390 *et* 391 *du Code pénal*). Voir l'art. 73, 13° paragraphe;

5° Ceux qui font partie de coalitions d'ouvriers et de rassemblements tendant à troubler l'ordre public;

6° Les mendiants, vagabonds ou gens sans aveu (*délit prévu par les art.* 269 *et* 274 *du Code pénal*), notamment ceux trouvés la nuit couchés sur la voie publique, et qui, le plus souvent, sont des voleurs;

7° Les individus qui chercheraient à vendre à vil prix des objets qu'on pourrait présumer avoir été volés;

8° Les auteurs ou complices de bruit, ou tapage injurieux ou nocturne, troublant la tranquillité des habitants (*art.* 119 *du Code pénal*);

9° Toute personne qui porterait publiquement un uniforme ou une décoration qui ne lui appartiendrait pas (*art.* 259 *du Code pénal*);

10° Les déserteurs ou repris de justice, en vertu de signalements;

11° Ceux qui abattraient, mutileraient ou écorceraient les arbres des promenades, ou qui dégraderaient des monuments publics (*délit prévu par les art.* 257 *et de* 445 *à* 449 *du Code pénal*);

12° Tout individu qui serait trouvé porteur d'armes prohibées, telles que stylets, poignards, pistolets de poche, épées en cannes, bâtons à ferrements, etc. (*art.* 314 *de Code pénal et loi du* 24 *mai* 1834);

13° Quiconque menacerait verbalement ou aurait menacé par écrit, avec ordre ou sous condition, d'assassinat, d'empoisonnement ou d'incendie, ou, enfin, de tout autre attentat contre les personnes et les choses (*art.* 303 *à* 308 *du Code pénal*);

14° Quiconque placarderait des affiches sur les monuments et édifices publics, attendu qu'il est considéré comme coupable de dégradations (*ord. de police des* 23 *août,* 12 *décembre* 1830 *et* 4 *août* 1836);

15° Ceux qui font le métier de ravageurs ou gratteurs de ruisseaux; ce métier étant formellement interdit dans toute l'étendue de la ville de Paris et autres lieux du ressort de la préfecture de police, ceux qui l'exercent doivent être conduits devant le commissaire de police du quartier (*ordonn. du* 1er *septembre* 1828);

16° Tout militaire circulant dans les rues après l'appel du soir, sans être porteur d'une permission de ses chefs;

17° Quiconque exposerait en vente, sur les marchés ou ailleurs, des chevaux ou autres animaux atteints ou soupçonnés de maladies contagieuses (*ord. du* 27 *février* 1831);

18° Tout individu qui outrage ou menace les militaires du corps dans l'exercice de leurs fonctions ;

19° Quiconque contreviendrait à l'ordonnance de police concernant les masques, qui porte que : pendant le temps du carnaval, toute personne masquée, déguisée ou travestie ne peut porter ni armes ni bâtons; aucun individu ne doit prendre de déguisements qui seraient de nature à troubler l'ordre public ou à blesser la morale et les mœurs, ni porter aucun insigne ni costume ecclésiastique ou religieux appartenant aux ministres des cultes légalement reconnus par l'Etat, ou appartenant à un fonctionnaire public. Il est défendu à toute personne masquée, déguisée ou travestie, d'insulter qui que ce soit par des invectives, des mots grossiers ou des provocations injurieuses, et de s'arrêter sur la voie publique pour y tenir des discours indécents ou y provoquer les passants par des gestes ou paroles contraires à la morale publique. Il est pareillement défendu à tout individu, masqué ou non masqué, de jeter dans les maisons, dans les voitures et sur les personnes, aucun objet ni substances qui puissent blesser, endommager ou salir les vêtements. Le mercredi des Cendres, à partir de midi, personne ne peut circuler sous le masque ni travesti sur la voie publique (*ordonn. du* 10 *février* 1847).

41. D. *Les propos grossiers tenus envers les gardes, mais sans intention de les injurier, peuvent-ils constituer un délit?*

R. Non : pour qu'il y ait délit d'injures, il ne sufit pas que les propos soient grossiers ou désobligeants; il faut qu'ils soient outrageants, qu'ils expriment le mépris, qu'ils tendent à attaquer la réputation ou la considération (*loi du* 19 *mai* 1819, *arrêt de la Cour de cassation du* 8 *sept.* 1809).

42. D. *Quelles peines encourt un individu qui, par paroles, gestes, menaces, ou par lettres, outrage la garde de Paris?*

R. La peine encourue est une amende de 16 à 200 fr., et, en outre, de six jours à un mois de prison, si l'outrage a été dirigé contre un commandant de la force publique, brigadier ou autre (*art.* 21 *et* 225 *du Code pénal*).

43. D. *Est-ce outrager la garde de Paris que de lui faire la déclaration d'un délit qu'on sait n'avoir pas été commis?*

R. Oui : celui qui, par dérision, engage la garde de Paris dans de fausses démarches pour rechercher un délit imaginaire, est passible des peines énoncées à l'art. 42 *(arrêt de la Cour de cassation du 9 déc. 1808).*

44. D. *Les sous-officiers et gardes ont-ils le droit d'entrer dans une maison particulière pour opérer une arrestation?*

R. Non : la maison de chaque habitant est un asile où les militaires du corps ne peuvent pénétrer sans se rendre coupables d'abus de pouvoir, sauf les cas déterminés ci-après :

Pendant le jour, ils peuvent y pénétrer : 1º dans le cas de flagrant délit; 2º pour prêter main-forte à un commissaire de police ou à tout autre autorité judiciaire, porteur d'un mandat légal de perquisitions; ou enfin, sur la réquisition du maître, pour rétablir l'ordre dans sa maison.

Pendant la nuit, ils ne peuvent y pénétrer que dans le cas d'incendie, d'inondation ou de réclamations venant de l'intérieur de la maison. Dans tous les autres cas, et jusqu'à ce que le jour ait paru, les militaires du corps doivent se borner à investir la maison, en attendans les ordres nécessaires pour y pénétrer, ou l'arrivée de l'autorité qui a le droit d'exiger l'ouverture de la maison.

Le temps de nuit est ainsi réglé : du 1ᵉʳ octobre au 31 mars, depuis 6 heures du soir jusqu'à 6 heures du matin; du 1ᵉʳ avril au 30 septembre, depuis 9 heures du soir jusqu'à 4 heures du matin *(art. 291, 292 et 293 du décret du 1ᵉʳ mars 1854).*

45. D. *Une simple contra-*

R. Non : lorsque les indivi-

vention peut-elle donner lieu à arrestation ?

dus pris sur le fait sont connus et domiciliés ; on doit, dans ce cas, se borner à faire un procès - verbal , même lorsqu'ils commettent un délit correctionnel qui n'emporte qu'une amende sans emprisonnement. Mais, quand ces individus sont inconnus, on doit alors les arrêter et les conduire devant l'autorité compétente.

46. D. *A quelles peines s'expose-t-on en commettant une arrestation illégale?*

R. A un emprisonnement de 2 à 5 ans, aux travaux forcés à perpétuité si la détention a duré plus de dix jours (*art.* 331 *et* 334 *du Code pénal).*

47. D. *Comment doivent être faites les arrestations?*

R. Les arrestations doivent toujours être faites, autant que possible, avec mesure, douceur et honnêteté : on ne doit ni frapper, ni injurier les individus arrêtés, mais on doit s'assurer d'eux par tous moyens autorisés par la loi.

48. D. *Que doit-on faire d'un individu aussitôt après son arrestation?*

R. Il doit être conduit de suite devant le commissaire de police du quartier , si l'heure le permet; et, dans le cas contraire , il doit être consigné dans un poste et déposé au violon jusqu'à l'ouverture du bureau de police. Tant que la position d'un individu n'est pas régularisée par le commissaire de police, les sous-officiers et gardes sont responsables de sa détention. Tout individu arrêté doit être conduit devant l'autorité compétente par celui qui a opéré l'arrestation , avec un rapport détaillé des faits , et sans préjudice des procès-verbaux qui doivent être dressés ensuite. (Voir, pour les ordres de consigne, les art. **177, 178** et **179** du *Formulaire des procès-verbaux.)*

49. D. *Où doivent être conduits les militaires arrêtés?*

R. 1o Tout militaire arrêté par un poste ou déposé au violon est conduit chez le commissaire de police, s'il s'est rendu coupable d'un délit, crime, ou contravention; s'il est mis en liberté par ce magistrat, il est conduit immédiatement à l'état-major de la place; si, au contraire, il est retenu, compte en est rendu sur les rapports;

2o Tout militaire arrêté pour faute contre la discipline est conduit directement à l'état-major de la place; s'il était ivre, il n'y serait conduit qu'après être dégrisé. Les militaires arrêtés pendant la nuit sont mis au violon et conduits le lendemain à la place à l'heure où l'on y porte la feuille du rapport (Voir article 17 de la consigne générale sur le service de la place);

3o Tout militaire du corps arrêté par des militaires du corps pour ivresse ou faute contre la discipline, est conduit immédiatement à sa caserne et mis à la salle de police; ceux qui seraient ivres seront conduits en voiture;

4o Lorsque des militaires du corps sont arrêtés conjointement avec des bourgeois ou militaires de la ligne, ils sont conduits devant le commissaire de police ou à l'état-major de la place, suivant les cas expliqués au premier paragraphe de cet article;

5o Lorsqu'un militaire du corps est déposé dans un corps de garde, défense est faite de l'en retirer pour le conduire à sa caserne; il doit être conduit à l'état-major de la place;

6o Tout militaire arrêté pour désertion ou comme insoumis est immédiatement conduit à l'état-major de la place par les gardes qui ont opéré l'arrestation. (Voir, pour les procès-verbaux à dresser, l'art. 27 de l'instruction municipale.)

CHAPITRE II.

Des Contraventions.

—

1re SECTION.

Principales Contraventions que doivent constater les Sous-Officiers et Gardes.

Art. 30. Demande. *Quelles sont les principales contraventions qui doivent être constatées par la garde de Paris?*

Réponse. 1° Les caisses, pots à fleurs et autres objets dont la chute peut occasionner des accidents, qui seraient placés ailleurs que sur des balcons et sur les appuis des croisées garnies de balustrades en fer, ou de barres transversales en fer avec grillages en fil de fer maillé jusqu'à la barre la plus élevée, ainsi que l'écoulement d'eau sur la voie publique résultant de l'arrosement de ces fleurs (*ord. du 23 octobre* 1844);

2° Les embarras causés par des démolitions ou autres objets entravant la voie publique, tels que : barrières pour travaux de maçonnerie, échafaudages, tranchées pour conduite d'eau, etc., la négligence d'éclairer la nuit ces démolitions, ou tout ce qu'on aurait la permission d'y laisser ou déposer momentanément (*ord. du 23 novembre* 1831, *et art. 471 du Code pénal*);

3° Les voitures, cabriolets, charrettes et chevaux abandonnés par leurs conducteurs (*art. 471 du Code pénal*);

4° Les bouchers allant au trot dans leurs charrettes, ou ceux dont les charrettes ne sont pas couvertes (*ord. des 3 octobres* 1827 *et 9 mai* 1832);

5° Les charretiers montés sur leur chevaux (*ord. du 9 mai* 1831);

6° Ceux qui ne cèdent pas la moitié du pavé, ou qui ne se tiennent pas à portée de leurs chevaux (*art. 475 du Code pénal*); à moins d'impossibilité, le pavé est toujours cédé en prenant sur la droite;

7° Les conducteurs de bêtes de somme qui en sont éloignés (*art. 475 du Code pénal*);

8° Les réverbères des rues, quais, places, ponts, etc., qui

seraient éteints avant les heures fixées (Voir à ce sujet le tableau d'éclairage déposé dans les postes, et l'art. 31 de la présente instruction);

9° Les cafés, marchands de vin et tous débitants de boissons qui, sans autorisation spéciale du préfet de police, ont leurs établissements ouverts après onze heures du soir, ou même si, quoique ayant fermé, on est assuré qu'il existe une réunion chez eux. Dans ces deux cas, on doit se borner à déclarer procès-verbal au cabaretier, la garde de Paris n'ayant pas qualité pour faire ouvrir la porte de l'établissement afin d'en faire sortir les personnes qui s'y trouvent, à moins qu'il n'y ait tapage ou danger pour quelqu'un à l'intérieur (*ordonn. du 3 avril 1819, et lettres du préfet de police des 24 décembre 1835 et 11 janvier 1836*);

10° Les portes d'allées ouvertes après onze heures du soir seulement, quoique l'ordonnance de police du 8 novembre 1780 fixe cette fermeture à huit heures en hiver, et à dix heures en été (ce retard est toléré par la préfecture de police) (Voir l'art. 30);

11° Les armes à feu, pétards, fusées et autres pièces d'artifice tirées dans les rues ou par les fenêtres (*art. 471 du Code pénal et ord. du 29 août 1829*);

12° Tout déménagement fait la nuit (Cette contravention peut donner lieu à arrestation, lorsque les personnes qui déménagent ne justifient pas qu'elles sont propriétaires des objets transportés);

13° Les individus qui font le métier de deviner ou pronostiquer, ou, enfin, d'expliquer les songes (*art. 479 du Code pénal*) (Inviter le contrevenant à se rendre chez le commissaire de police);

14° Les personnes qui brûlent de la paille sur la voie publique, qui suspendent au-devant des murs de face des maisons riveraines de la voie publique des écriteaux servant à faire connaître les maisons, appartements, chambres, magasins et autres objets à vendre ou à louer, sans attacher et appliquer contre les murs lesdits écriteaux; les personnes qui jettent des pierres ou des bâtons dans les arbres bordant les contre-allées des boulevarts et promenades, qui suspendent à ces arbres des écriteaux, enseignes, lanternes ou autres objets, ou y attachent des animaux ou des cordes pour faire sécher du linge, des étoffes ou autres choses;

15° Les maréchaux-ferrants, layetiers, emballeurs, serruriers, tonneliers, batteurs de plâtre, scieurs et tailleurs de pierre, scieurs de long et autres qui travaillent ou font travailler sur la voie publique; les épiciers, limonadiers et autres qui brûlent ou font brûler sur la voie publique du café et autres denrées;

16º Les jeux de palets, de tonneau, de siam, de quilles, de volant, et tous autres jeux capables de gêner la circulation et occasionner des accidents ;

17º Le parcours à cheval ou en voiture, même avec des voitures traînées à bras, des contre-allées des boulevarts intérieurs et extérieurs de la capitale et de toutes les parties des promenades publiques, non closes, réservées aux piétons (*ord. du 8 août* 1829);

18º Les personnes qui, ayant une cour ou une porte-cochère, déposeraient des ordures, immondices, pailles et résidus quelconques sur une partie de la voie publique. Ces objets doivent être portés dans les voitures du nettoiement au moment de leur passage. Quant aux habitants des maisons qui n'ont ni cour ni porte-cochère, ils peuvent déposer ces ordures dans la rue avant sept heures du matin, depuis le 1ᵉʳ avril jusqu'au 1ᵉʳ octobre, et avant huit heures le reste de l'année. — Toutefois, les résidus répandant une odeur infecte ne doivent jamais être déposés sur la voie publique; ils sont portés directement aux voitures du nettoiement (*ordonn. du 5 novembre* 1846);

19º Les individus qui essaieraient des chevaux dans les rues de Paris (*ord. du 9 mars* 1831);

20º Les personnes qui jetteraient des ordures ou des eaux par les fenêtres (*art.* 471 *du Code pénal et ord. du* 1ᵉʳ *août* 1820), ainsi que celles qui, en arrosant le devant de leurs maisons, lanceraient l'eau de manière à éclabousser les passants (*ord. du 27 juin* 1843), ou qui laveraient les devantures de leurs boutiques après les heures fixées pour le balayage, c'est-à-dire après sept heures du matin, du 1ᵉʳ avril au 1ᵉʳ octobre, et après huit heures le reste de l'année (*ord. du 5 novembre* 1846);

21º Les ouvriers en boutique qui troubleraient le repos public en travaillant avant quatre heures du matin et après neuf heures du soir, du 1ᵉʳ avril au 30 septembre, et avant cinq heures du matin, et après neuf heures du soir, du 1ᵉʳ octobre au 31 mars (*ord. du 31 octobre* 1829);

22º Les personnes qui laveraient du linge dans les fontaines publiques (*ord. du 21 septembre* 1827), ou qui laveraient dans le canal Saint-Martin, ailleurs que dans les bateaux affectés à cette destination (*ord. du 25 octobre* 1840, *art.* 117);

23º Les individus qui déchargeraient ou scieraient du bois sur les trottoirs, ou ceux qui fendraient du bois sur la voie publique;

24º Quiconque, faisant exécuter des travaux aux bâtiments verains de la voie publique, pouvant faire craindre des acdents, ne placerait pas un ou deux hommes dans la rue pour ı écarter les passants (*ord. de police du 8 août 1829 et art. 479 Code pénal*), et quiconque, pendant la nuit, ferait faire à maisons des réparations sans autorisation du préfet;

25º Les personnes qui ne retiendraient pas leurs chiens lors'ils attaquent ou poursuivent les passants (*art. 475 du Code nal*) (Voir les articles ci-après, de 110 à 113);

'6º Quiconque, pendant la nuit, laisserait dans les rues des 1elles ou autres instruments dont pourraient abuser les ɔurs ou autres malfaiteurs (*art. 470 du Code pénal*);

_7º Les personnes qui, étant étrangères au service du netɔment de Paris, auraient ramassé des boues, immondices, it fumier, etc. (*ord. du 23 novembre 1831*);

28º Ceux qui jetteraient des pierres ou autres corps durs et ·mondices dans le canal Saint-Martin (*ordonn. du 10 juin* ·'6);

'9º Les laitières qui s'établiraient sur la voie publique sans ɔ munies d'une permission de l'autorité, qui vendraient ɔurs places des fruits ou légumes, ou, enfin, qui n'auraient évacué les lieux à dix heures du matin au plus tard (*ord. du octobre 1830*);

0º Les individus qui établiraient ou tiendraient, dans les s, chemins, places ou lieux publics, des jeux de loterie ou ıtres jeux de hasard (*art. 475 et 477 du Code pénal*). — nduire les contrevenants chez le commissaire de police);

1º Les individus qui montreraient dans les rues de Paris des naux malfaisants, tels que des ours, singes, etc., sans être ıis d'une permission du préfet de police (*ordonn. du 3 août* ᵌ);

2º Quiconque pousserait les boues et immondices devant ropriété de ses voisins (*ord. du 27 mars 1834*);

ᴣº Les marchands qui placeraient sous leurs balances des ɔorts qui gênent la liberté de leurs mouvements (*ordonn.* ı2 avril 1831);

ıº Les conducteurs de voitures de roulage, dites *marin*ɛs, attelées d'un seul cheval, qui, conduisant plusieurs con de ces mêmes voitures, ne laisseraient pas entre chaque ɔoi une distance de cinq mètres au moins;

ᴣº Les personnes qui ne casseraient pas les glaces au ınt de leurs maisons; qui, en cas de verglas, n'y jette nt pas de la cendre, du sable ou du mâchefer; qui dépose nt dans les rues des neiges et glaces provenant des cours

2

des habitations; qui en jetteraient auprès des grilles et bouches d'égouts ou dans les égouts, et, enfin, celles qui formeraient des glissades sur les boulevarts, places et autres parties de la voie publique (*ord. du 7 décembre* 1842);

36° Les propriétaires de voitures de roulage et de toute espèce de voitures, même traînées à bras, servant au transport des marchandises, matériaux et autres objets, qui n'auraient point cloué en avant de la roue et au côté gauche de la voiture une plaque de métal indiquant, en caractères lisibles, leur nom, domicile, et la ville qu'ils habitent (*avis du préfet de police du 6 décembre* 1844);

37° Les propriétaires ou locataires qui ne feraient pas balayer la voie publique, gratter et laver les trottoirs, chaque jour, au-devant de leurs maisons, boutiques, etc., entre six et sept heures du matin, du 1er avril au 1er octobre, et entre six et huit heures, depuis le 1er octobre jusqu'au 1er avril; ceux qui déposeraient sur la voie publique des bouteilles cassées, morceaux de verre, de poteries et tous autres objets pouvant occasionner des accidents. (Ces objets doivent être portés aux voitures du nettoiement au moment de leur passage.)

Les personnes qui secoueraient sur la voie publique des tapis ou autres objets pouvant salir ou incommoder les passants; ceux qui jetteraient dans les égouts des corps ou matières pouvant obstruer ou infecter ces égouts, ou qui ne feraient pas nettoyer intérieurement et dégager les gargouilles placées sous les trottoirs des rues et dallage des boulevarts, aux heures prescrites pour le balayage (*ordonn. du 5 novembre* 1846);

38° Les propriétaires ou locataires qui, pendant la durée des chaleurs, ne feraient pas arroser, à onze heures du matin et à trois heures de l'après-midi, la partie de la voie publique au-devant de leurs maisons, boutiques, jardins et autres emplacements, et qui ne feraient pas écouler les eaux des ruisseaux pour en éviter la stagnation;

Les propriétaires ou locataires de passages publics et à ciel ouvert, existant sur des propriétés particulières, ainsi que les concessionnaires des ponts pavés ou cailloutés dont le passage est soumis à un droit de péage, qui ne se conformeraient pas à la précédente disposition (*même ordonnance*);

Les personnes qui se serviraient de l'eau stagnante des ruisseaux pour arroser, ou qui lanceraient l'eau sur la voie publique de manière à gêner la circulation ou à éclabousser les passants (*ord. du 27 juin* 1843);

Ainsi que les contraventions dont il va être question ci-après :

2ᵉ SECTION.

*Contraventions communes à toute espèce de voitures, Dili-
gences, Fiacres, Cabriolets, Charrettes, etc., ainsi qu'aux
Chevaux, Anes, Mulets et autres Animaux de charge ou de
trait.*

Aʀᴛ. 51. Demande. *Quelles
sont les contraventions communes aux voitures de toute
espèce ainsi qu'aux chevaux,
ânes, mulets et animaux de
charge ou de trait, relativement aux boulevarts ou promenades publiques ?*

Réponse. Lorsque ces voitures, chevaux, etc., traversent les promenades publiques
ou contre-allées des boulevarts réservées aux piétons,
à moins que ce ne soit pour
entrer dans une propriété ri-
veraine, lorsque le sol de la
traverse aura été disposé à cet
effet; il en est de même des
conducteurs qui font passer les
roues de leurs voitures sur les
trottoirs (même les charrettes à
bras), ainsi que ceux qui y for-
ment des dépôts de matériaux
sans une permission du préfet
de police, qui comblent les fos-
sés, ou enfin qui y font pâtu-
rer les bestiaux (*ord. du* 15
janv. 1841).

52. D. *En cas de contra-
vention à l'ordonnance du 15
janvier 1841, que doivent faire
les sous-officiers et gardes ?*

R. Ils doivent signaler ces
contraventions par des procès-verbaux, et en cas de rébellion ou de doute sur l'individualité des contrevenants,
les conduire devant un commissaire de police (*ord. du* 15
janv. 1841).

53. D. *Quelle est l'allure
que doivent observer les conducteurs de voitures de toute
espèce, en traversant les ponts
suspendus, en passant aux
barrières de Paris, aux dé-
tours des rues, à la descente
des ponts, et généralement*

R. Ils sont en contravention
lorsqu'ils conduisent leurs voitures autrement qu'au pas, en
traversant les endroits précités
(*ord. du* 15 *janv.* 1841).

dans les endroits où la pente est rapide?

54. D. *Quelles sont les principales rues où la pente est rapide, et où la garde de Paris doit porter une attention toute particulière à l'égard des voitures y circulant?*

R. Rues du Faubourg-Saint-Martin, près de Saint-Laurent; du Faubourg Saint-Denis, près Saint-Lazare; du Petit-Carreau, des Martyrs, Saint-Hyacinthe-Saint-Michel, de la Montagne Sainte-Geneviève, des Fossés-Saint-Victor. Indépendamment de ces endroits, une surveillance spéciale doit être exercée chaque jour, surtout à l'arrivée et au départ des malles-postes, rues Jean-Jacques-Rousseau, Montmartre, Tiquetonne, Coquillière, Grenelle-Saint-Honoré, etc.; enfin sur toutes les lignes parcourues par les malles-postes, messageries, diligences et autres voitures.

55. D. *Doit-on se borner à constater les contraventions des conducteurs de voitures de toute espèce, lorsqu'ils ne conduisent pas leurs voitures au pas, en passant sur les ponts suspendus, aux barrières de Paris, et généralement dans tous les endroits où la pente est rapide?*

R. Non: on doit exiger que tout cocher arrête immédiatement sa voiture pour n'aller qu'au pas, et, en cas de refus ou de rébellion, conduire les fauteurs devant un commissaire de police, à moins que ce ne soit une diligence ou messagerie, à l'égard desquelles cette mesure serait difficile à cause de leur service (*ord. du 1er juill.* 1831).

56. D. *Quelle est l'heure interdite aux voitures de toute espèce pour la circulation dans les halles et marchés?*

R. Depuis cinq heures jusqu'à dix heures du matin: les halles du centre, la rue Saint-Denis, depuis celle des Lombards jusqu'à celle de la Grande-Truanderie; rues de la Ferronnerie et Saint-Honoré, jusqu'à celle du Roule; rue de la Tonnellerie, place Saint-Eustache, rue Traînée, jusqu'à celle Montorgueil; et enfin toutes les rues comprises dans l'espace circonscrit par les rues ci-dessus désignées. Les voitures qui vont prendre ou déposer leur chargement sont exceptées des dispositions précitées (*ordonn. du* 21 *janvier* 1832).

57. D. *En cas de contravention à l'ordonnance précitée, que doivent faire les sous-officiers et gardes ?*

R. Ils doivent s'assurer d'une manière positive de l'individualité des contrevenants et constater leurs contraventions par un procès-verbal ; et, dans le cas où le contrevenant ne serait pas domicilié dans le ressort de la préfecture, le conduire devant le commissaire de police (*ord. du* 21 *janvier* 1832).

58. D. *A quelle heure doivent entrer dans Paris les voitures de toute espèce qui approvisionnent les halles et marchés ?*

R. Elles ne peuvent entrer dans Paris qu'après minuit, et doivent être conduites au pas (*ord. du* 28 *juin* 1833).

59. D. *En cas de contravention à l'ordonnance précitée, que doit-on faire ?*

R. On doit conduire les voitures à la fourrière publique, rue de Pontoise, n° 19 (*ord. du* 28 *juin* 1333). Dans tout ordre d'envoi à la fourrière publique, la mention sommaire du motif doit être indiquée, dire s'il s'agit de chevaux vicieux ou affectés de maladies contagieuses, d'accidents graves causés par ces voitures, ou simplement de contravention aux ordonnances de police, etc., surtout lorsqu'il s'agit d'une voiture de place. (Voir l'art. 180 du Formulaire des procès-verbaux pour l'ordre de consigne.)

60. D. *Quel est le nombre de chevaux que l'on peut confier à un individu pour être conduits*

R. Dans aucun cas, les chevaux ne peuvent être conduits à l'abreuvoir pendant la

à l'abreuvoir, et peuvent-ils
être conduits la nuit ?

nuit, et, dans le jour, un même
individu ne peut en conduire
plus de trois à la fois, y compris celui sur lequel il est monté ; ils doivent être conduits au
pas (*ord. de police du 9 mai
1831*).

3ᵉ SECTION.

Diligences ou Messageries.

(Ordonnance du roi du 16 juillet 1828.)

ART. 61. Demande. *Quelles
sont les contraventions qui doivent être constatées avec soin
pour prévenir les accidents déplorables causés journellement
par l'inexécution des ordonnances et réglements concernant les diligences et messageries ?*

Réponse. 1ᵒ Les voitures
dans lesquelles les voyageurs
excéderaient le nombre voulu ;

2ᵒ Celles dans lesquelles la
partie du chargement dépasserait la traverse en fer divisant
le panier : la bâche doit être
placée immédiatement au-dessous de cette traverse et ne
jamais la dépasser ;

3ᵒ Celles où il y aurait des objets placés autour de l'impériale ou au dehors de la bâche ;

4ᵒ Les postillons qui descendraient de dessus leurs chevaux
ou qui les quitteraient ;

5ᵒ Ceux qui conduiraient leurs voitures au galop sur les
routes, et autrement qu'au petit trot dans les communes ru-
rales ;

62. D. *Que doit-il exister
à l'extérieur de la caisse d'une
diligence ou messagerie ?*

R. Le nom du propriétaire
ou de l'entrepreneur, et l'estampille délivrée par l'administration des contributions
indirectes, ainsi qu'un numéro de 8 centimètres de
hauteur, peint en blanc de chaque côté de la caisse, avec un
double PP.

63. D. *Que doit-il exister*

R. L'indication du nombre de

dans l'intérieur de la caisse des diligences ou messageries ?

64. D. *Comment doivent être fermés les essieux des voitures dites diligences ou messageries ?*

65. D. *Les diligences ou messageries doivent-elles être éclairées pendant la nuit ?*

66. D. *Dans le cas d'excédant de voyageurs ou de surélévation de charge, prévus dans les trois premiers paragraphes de l'art. 61, doit-on faire descendre immédiatement les voyageurs ou déposer la surcharge ?*

67. D. *Comment doivent être faits les procès-verbaux dressés à cette occasion ?*

places que chaque voiture doit contenir, ainsi que le numéro et le prix de chaque place, du lieu de départ à celui de la destination.

R. Les essieux doivent être fermés à chaque extrémité par un écrou assujetti par une clavette, outre la machine à enrayer, qui doit pouvoir être manœuvrée de la place du conducteur; les diligences doivent aussi être pourvues d'un sabot.

R. Elles doivent être éclairées, soit par une forte lanterne, placée au milieu de la caisse sur le devant, soit par deux lanternes placées aux côtés de cette même caisse.

R. Non; car, dans l'un et l'autre cas, cette mesure pourrait entraîner des rixes et des collisions fâcheuses, susceptibles de troubler l'ordre ou embarrasser la voie publique et gêner la circulation; on doit donc se borner à constater ces contraventions par un procès-verbal.

R. Indépendamment : 1° du numéro de la voiture; 2° de l'estampille des contributions indirectes; 3° du nom et domicile de l'entreprise à laquelle la voiture appartient, le procès-verbal doit encore désigner : le nom du conducteur, celui du postillon et la destination de la voiture (*lettre du préfet en date du 11 avril 1835*).

4e SECTION.

Voitures de remise.

(Ordonnance du 1er avril 1853.)

Voitures de place.

(Ordonnance du 13 septembre 1850.)

ART. 68. Demande. *Que doit-on observer à l'égard des voitures de place, fiacres, cabriolets de l'intérieur, voitures « cabriolets sous remise?*

R. On doit s'assurer que ces voitures et les chevaux présentent les garanties de solidité nécessaires pour ne point compromettre la sûreté du public ; — qu'elles soient numérotées : 1o à l'intérieur, sur la plaque indicative des tarifs ; 2o à l'extérieur, sur les panneaux de derrière et de côté ; 3o sur les deux lanternes dont elles doivent être pourvues ; — qu'elles contiennent à l'intérieur une plaque, en métal ou en peau blanche, indicative des tarifs des courses, de la hauteur de 18 centimètres sur 10 de largeur. Toutefois le numérotage des lanternes des voitures sous remise n'est point obligatoire.

69. D. *Quelles sont les obligations imposées aux cochers des voitures de place et sous remise?*

R. 1o Il leur est enjoint de remettre à l'une des personnes qu'ils conduisent une carte portant le numéro de la voiture; 2o de laisser entre leur voiture et les maisons, toutes les fois qu'ils sont obligés de stationner dans les rues sans trottoirs, l'espace nécessaire pour la circulation des piétons; 3o de marcher à toute réquisition, qu'on les prenne sur la voie publique lorsque leur voiture n'est pas louée, ou sur station, quel que soit le rang qu'occupe leur voiture dans la file ; 4° toute impolitesse, tout acte de grossièreté des cochers envers le public, doit être sévèrement réprimé.

70. D. *Quelles sont les pièces dont les cochers des voitures de place et sous remise, ou les entrepreneurs conduisant eux-mêmes, doivent être constamment pourvus et qu'ils doivent produire à toute réquisition des agents de l'autorité?*

R. 1° Un livret de maître contenant l'ordonnance du 15 septembre 1850, s'il s'agit d'une voiture de place, ou celle du 1ᵉʳ avril 1853, s'il s'agit d'une voiture sous remise ;

2° Un permis de circulation et de station de la voiture, contenant le signalement et le numéro de la voiture ;

3° Un laissez-passer, délivré par l'administration des contributions indirectes ;

4° Un certain nombre de cartes imprimées pour les courses de la journée, indiquant le numéro de la voiture ;

5° Un bulletin d'entrée en service (l'entrepreneur conduisant lui-même est dispensé de produire cette pièce) ;

6° Une plaque en cuivre, portée ostensiblement, indiquant les nom et prénoms du cocher, le numéro de son inscription à la préfecture de police, et cette légende : « *Cocher* ou *entrepreneur de voitures de place* » (1) ;

7° Un permis de conduire indiquant le signalement du cocher, son domicile et son numéro d'inscription à la préfecture de police.

71. D. *Quelles sont les pièces dont les apprentis cochers doivent être pourvus?*

R. 1° Une plaque en cuivre attachée au bras gauche par un brassard en cuir et portant cette légende : « *Apprenti cocher* » (1) ;

---

(1) Ces deux articles ne sont point applicables aux cochers des cabriolets et voitures sous remise.

2° Un extrait timbré de leur inscription au registre ;

3° Leurs papiers de sûreté. Il leur est défendu de se dessaisir de ces différentes pièces en faveur de qui que ce soit ; ils doivent les représenter à toute réquisition des agents de l'autorité.

72. D. *Quelles sont les obligations des apprentis cochers (1)?*

R. Ils ne peuvent jamais conduire seuls, et il leur est interdit de monter sur le siége une heure après le coucher du soleil.

73. D. *Quels sont les cas pour lesquels les cochers de voitures sous remise ou de voitures de place doivent être arrêtés, conduits chez le commissaire de police et leur voiture mise en fourrière ?*

R. 1° Lorsque les voitures ne sont pas en bon état de solidité et de propreté ;

2° Lorsque les chevaux sont entiers, malades ou hors d'état de faire le service ;

3° Lorsque le cocher aura été privé de son permis de conduire ou qu'il ne pourra le représenter ;

4° Lorsque le cocher ne sera point porteur de cartes imprimées pour les courses de la journée ;

5° Lorsque le cocher sera dans un état de malpropreté évidente, ou qu'il sera dans un état d'ivresse capable de compromettre la sûreté des habitants ;

6° Lorsque le cocher ne sera pas muni des papiers détaillés à l'art. 70 ;

7° Tout cocher qui serait porteur de la plaque et des papiers d'un autre qui lui aurait confié sa voiture ;

8° Toute femme qui conduirait une voiture publique ;

9° Tout cocher qui offrirait sa voiture au public, soit par gestes ou paroles, lorsqu'elle n'est pas en station sur les endroits à ce affectés, ou qui parcourrait la voie publique au pas, en faisant exécuter à sa voiture un va-et-vient continuel sur la même ligne, afin de faire comprendre au public qu'il est à sa disposition ;

10° Tout cocher qui stationnerait, depuis minuit jusqu'à

---

(1) N'est pas applicable aux cabriolets et voitures sous remise.

six heures du matin, ailleurs que sur les places désignées par les ordonnances de police ;

11° Tout apprenti qui conduirait seul une voiture de place, ou qui serait monté sur le siége une heure après le coucher du soleil ;

12° Toute voiture qui n'aurait pas dans l'intérieur une plaque indicative des tarifs prescrits par l'ordonnance du 1er avril 1853, ou qui ne serait pas numérotée ;

13° Tout cocher qui aurait commis un accident grave sur la voie publique ;

14° Tout cocher qui ne serait point âgé de dix-huit ans au moins.

74. D. *Quels sont les cas où l'on doit dresser un simple procès-verbal de contravention contre les cochers de voitures de place ou sous remise?*

R. 1° Lorsqu'ils ont confié, à un autre, leurs papiers, leur plaque ou la conduite de leur voiture ;

2° Lorsqu'ils traversent les halles du centre avant dix heures du matin ;

3° Lorsqu'ils font passer les roues de leurs voitures dans les ruisseaux, lorsqu'ils peuvent l'éviter, et contre les murs, les bornes et les trottoirs ;

4° Lorsqu'ils font galoper leurs chevaux et qu'ils ne vont pas au pas dans les marchés, sur les ponts suspendus, les rues étroites, à la descente des ponts, des montées, au passage des barrières, aux carrefours et aux tournants des rues ;

5° Lorsqu'ils lavent leurs voitures, sur les stations, ou sur tout autre point de la voie publique, et qu'ils jettent ailleurs que dans les ruisseaux l'eau qui reste dans les seaux après avoir fait boire leurs chevaux ;

6° Lorsque, étant à la porte des particuliers, ils quittent leurs chevaux ;

7° Lorsque, n'étant point retenus, ils font stationner leurs voitures ailleurs que sur les points à ce affectés ;

8° Lorsqu'ils fument en conduisant leurs voitures ; lorsqu'ils ôtent leurs habits (même pendant les chaleurs), et lorsqu'ils conduisent en blouse ;

9° Lorsqu'ils laissent monter le public sur l'impériale, sur le siége ou derrière leur voiture (les domestiques des personnes conduites, peuvent seules monter derrière la voiture) ;

10° Lorsqu'ils accrochent les sacs à avoine ou musettes au

siége ou à toute autre partie extérieure de la voiture (le fourrage doit être placé dans les coffres);

11° Lorsqu'ils circulent après la chute du jour sans avoir allumé leurs lanternes;

12° Lorsqu'ils coupent ou interrompent les files des voitures à la sortie des établissements publics ou dans les cérémonies;

13° Lorsqu'ils quittent les rênes de leurs chevaux pendant que les personnes qu'ils conduisent aux théâtres, ou autres établissements publics, montent ou descendent de leurs voitures;

14° Lorsqu'ils gênent la circulation en se réunissant en groupe dans les rues ou sur les trottoirs, et qu'ils troublent la tranquillité publique, soit par des disputes, des rixes, ou en faisant claquer leur fouet; lorsqu'ils maltraitent sans motifs leurs chevaux;

15° Lorsqu'ils font manger ou boire leurs chevaux ailleurs que sur les places réservées. (Lorsque les cochers sont gardés, ils peuvent faire manger l'avoine là où ils se trouvent, mais à condition qu'elle sera renfermée dans une musette attachée au cou du cheval, et qu'ils se tiendront à la tête de leurs chevaux);

16° Lorsqu'ils débrident entièrement leurs chevaux pour les faire boire ou manger (ils ne doivent leur enlever que le mors de la bouche);

17° Lorsqu'ils dégradent ou laissent dégrader les arbres des promenades publiques par leurs chevaux;

18° Lorsque les chevaux n'ont pas au cou un grelot dont le bruit puisse avertir les passants (cette contravention ne s'applique qu'aux cochers de cabriolets);

19° Lorsque les cochers refusent de marcher, soit dans l'intérieur de Paris, soit à l'extérieur de Paris, dans le ressort de la préfecture de police, aux prix fixés par le tarif et aux heures indiquées par les ordonnances des 15 septembre 1850 et 1er avril 1853 (Voir, à ce sujet, les art. 77 à 85).

75. D. *Quelles sont les dispositions particulières pour les cabriolets dits de l'extérieur?*

R. Ces cabriolets doivent porter à l'intérieur, sur une plaque en métal fixée au milieu de l'impériale, et à l'extérieur sur les panneaux de côté au-dessus du numéro, l'indication du nombre des places; — ils ne doivent recevoir sur la banquette extérieure que trois personnes, y compris le cocher ; — quand ils transportent des meubles ou des paquets, le chargement doit être fait de manière à prévenir toute espèce d'accident.

76. D. *Quelles sont les dispositions particulières aux cabriolets sous remise ?*

R. Ils ne doivent jamais stationner en dehors des dépôts intérieurs qui leur sont affectés, et ces dépôts doivent toujours être fermés par une chaîne, ou les chevaux attachés le long du mur.

77. D. *Quel est le Tarif du prix de la course ou de l'heure pour le transport de voyageurs, par voiture sous remise ou voiture de place, dans Paris, de 6 heures du matin à minuit, ou de minuit à 6 heures du matin, et à l'extérieur de Paris, de 6 heures du matin à minuit, soit en dedans, soit en dehors du mur d'enceinte des fortifications ; et quelles sont les dispositions réglementaires qui se rattachent aux diverses parties de ce Tarif ?*

R. En exécution des ordonnances des 15 septembre 1850 et 1er avril 1853, le tarif pour le service des voitures sous remise et celui pour le service des voitures de place, réunis dans cette instruction en un seul tableau, ont été réglés ainsi qu'il suit :

TARIF DES VOITURES DE PLACE.

(Ordonnance du préfet de police du 15 septembre 1850.)

DÉSIGNATION des VOITURES.	INTÉRIEUR DE PARIS.				EXTÉRIEUR DE PARIS.	
	De 6 heures du matin à minuit.		De minuit à 6 heures du matin.		En dedans du mur d'enceinte des fortifications et jusqu'à la porte Maillot, par l'avenue de Neuilly.	En dehors du mur d'enceinte des fortifications et à l'intérieur du bois de Boulogne.
	A la course.	A l'heure.	A la course.	A l'heure.		
	fr. c.	fr. c.	fr. c.	fr. c.	fr. c.	fr. c.
Grands Fiacres à 2 chevaux..	1 50	2 »»	2 »»	3 »»	2 »»	3 »»
Coupés et petits Fiacres à 4 places, à 1 ou 2 chevaux...	1 25	1 75	1 75	2 50	1 75	2 »»
Cabriolets à 2 ou 4 roues, fermés ou non fermés........	1 10	1 50	1 75	2 50	1 50	2 »»

TARIF DES VOITURES SOUS REMISE.

(Ordonnance du préfet de police du 1er avril 1853.)

DÉSIGNATION des VOITURES.	INTÉRIEUR.			EXTÉRIEUR.	
	De 6 heures du matin à minuit.		De minuit à 6 heures du matin. —	En deçà de l'enceinte des fortifications et dans le bois de Boulogne. —	Au-delà de l'enceinte des fortifications, sauf le bois de Boulogne. —
	A la course.	A l'heure.	A l'heure.	A l'heure.	A l'heure.
	fr. c.	fr. c.	fr. c.	fr. c.	fr. c.
Voitures à 4 roues.	1 75	2 »	3 »	2 50	3 50
Voitures à 2 roues.	1 50	1 75	2 50	2 »	2 50

Les cochers de remise et de place sont tenus de conduire à la course, et sans augmentation de prix, aux cimetières, à tous les embarcadères des chemins de fer, à l'Hippodrome, à la station établie à Passy, rue Delessert, et sur toute la ligne des boulevarts extérieurs.

78. D. *Quelles sont les dispositions spéciales aux voitures sous remise ou de place pour l'intérieur de Paris?*

R. 1° Pour prévenir les discussions qui pourraient s'élever, relativement au tarif, entre le public et les cochers, il est enjoint à ces derniers de demander aux personnes qui montent dans leurs voitures si elles entendent être conduites à l'heure ou à la course. Toutefois, les cochers de voitures sous remise ne peuvent être contraints de marcher, de minuit à six heures du matin, qu'autant qu'ils sont pris à l'heure;

2° Tout cocher qui est pris, dans un lieu de remisage ou sur une station de voitures, ou sur un point quelconque de la voie publique, pour aller charger à domicile, est tenu de marcher à la course, toutes les fois qu'il en est requis, quelque soit l'éloignement de ce domicile;

3° Le cocher qui est pris dans Paris pour transporter des voyageurs aux cimetières de l'Est, du Nord et du Sud, ou à l'embarcadère des chemins de fer de Versailles (rive gauche) et de Sceaux, ainsi qu'à l'Hippodrome; ou à ces cimetières, embarcadères, ou à l'Hippodrome, pour se rendre dans Paris, est tenu de marcher aux prix fixés pour l'intérieur. (Voir pages 38 et 39;

4° Le cocher doit se faire payer d'avance lorsqu'il conduit des personnes aux embarcadères des chemins de fer, aux théâtres, spectacles, bals, concerts et autres lieux de réunion et de divertissements publics. Il est encore autorisé à se faire payer d'avance lorsque les personnes qu'il conduit, descendent à l'entrée d'un jardin public et de tout autre lieu où il est notoire qu'il existe plusieurs issues;

5° Tout cocher pris entre onze heures et minuit, qui arrive à sa destination après minuit, n'a droit qu'au prix fixé pour le jour, mais seulement pour la première course ou la première heure. Celui pris, entre cinq et six heures du matin, qui n'arrive à sa destination qu'après six heures, a droit au prix fixé pour la nuit, mais seulement pour la *première heure*, si c'est une voiture de remise, attendu que ces voitures ne marchent, après minuit, qu'au prix de l'heure; ou pour la première course ou pour la première heure, si c'est une voiture de place;

6° Le cocher qui, dans une course, est détourné de son chemin par la volonté de la personne qui l'emploie, est censé pris à l'heure et payé en conséquence. Le cocher qui, sans être détourné de son chemin, est requis de déposer en route une ou plusieurs des personnes qui se trouvent dans sa voiture, n'a droit qu'au prix de la course;

7° Lorsqu'un cocher marche à l'heure, il lui est dû le prix

total de l'heure, lors même qu'il n'a pas été employé pendant l'heure entière; lorsque le cocher, pris à l'heure, a été employé pendant plus d'une heure, le prix qui lui est dû en sus de la première heure, est calculé sur l'espace de temps pendant lequel il a été employé en plus d'une heure.

79. D. *Existe-t-il d'autres dispositions relatives aux voitures sous remise ou de place pour l'intérieur de Paris?*

R. 1º Oui ; tout cocher appelé pour aller chercher quelqu'un à domicile, et qui est renvoyé sans être employé, reçoit, à titre d'indemnité de déplacement, le prix d'une demi-course, calculé d'après les prix établis pour l'intérieur de Paris. (Voir pages 38 et 39);

2º Tout cocher se rendant dans un lieu de remisage ou sur une station de voitures, ou se trouvant sur un point quelconque de la voie publique ou hors de place, qui charge, soit pour l'intérieur, soit pour l'extérieur de Paris, est censé avoir été pris dans un lieu de remisage ou sur une station; il ne peut, dans aucun cas, exiger un salaire plus élevé que celui qui est déterminé par le tarif pour l'intérieur de Paris. (Voir pages 38 et 39);

3º Les droits de péage pour le passage des ponts ou bacs ne sont à la charge des voyageurs que lorsque ces derniers ont exigé le passage sur ces ponts ou bacs.

80. D. *Quelles sont les dispositions spéciales aux voitures sous remise ou de place pour les voyages en dedans du mur d'enceinte des fortifications?*

R. 1º Les cochers ne sont tenus, en aucune saison, de sortir de Paris, après minuit, pour se rendre sur le territoire situé en dedans du mur d'enceinte des fortifications; si, après cette heure, les cochers consentent à sortir de Paris, le prix du voyage est réglé de gré à gré entre eux et le public;

2º Tout cocher pris entre onze heures et minuit, ne peut, lors même qu'il arrive à sa destination après minuit, exiger un salaire plus élevé que celui qui est fixé pour le territoire compris dans le mur d'enceinte des fortifications. (Voir p. 38 et 39);

3º Lorsque le voyageur, arrivé à destination, renvoie la voiture, il n'est point tenu de payer au cocher le temps du retour; mais il doit payer le prix total de l'heure, lors même que la course aurait été faite en moins d'une heure.

81. D. *Quelles sont les dispositions spéciales aux voitures sous remise ou de place pour les voyages en dehors du mur d'enceinte des fortifications?*

R. 1º Les cochers ne sont pas tenus de sortir de Paris,

pour se rendre sur le territoire situé en dehors du mur d'enceinte des fortifications, après sept heures du soir en hiver, et neuf heures en été ; si, après ces heures, les cochers consentent à marcher, le prix du voyage est réglé de gré à gré entre eux et le public ;

2° Tout cocher pris, en hiver, entre six et sept heures du soir, et, en été, entre huit et neuf heures, ne peut, lors même qu'il arrive à sa destination après sept et neuf heures, exiger un salaire plus élevé que celui qui est fixé pour le territoire situé en dehors du mur d'enceinte des fortifications. (Voir pages 38 et 39) ;

3° Lorsque le voyageur, arrivé à sa destination, renvoie la voiture, le retour est payé au cocher en raison du temps qu'il a mis pour se rendre du point de Paris où il a été pris au lieu où la voiture a été abandonnée ; mais lorsque le temps employé par un cocher pour se rendre au lieu de la destination, ajouté au temps qui doit être employé pour le retour, ne dépasse pas une heure, il ne lui est dû que le prix de l'heure.

82. D. *Quelles sont les dispositions communes aux voitures sous remise ou de place, pour les voyages, soit en dedans, soit en dehors du mur d'enceinte des fortifications ?*

R. 1° Aucun cocher ne peut être contraint à se rendre sur le territoire situé, soit en dedans, soit en dehors du mur d'enceinte des fortifications, qu'autant qu'il est pris à l'heure ;

2° Les prix établis pour l'extérieur de Paris ne sont point applicables aux locations à la journée ; le prix de ces locations est réglé de gré à gré entre le public et les cochers ;

3° Les prix fixés par le tarif ci-dessus sont obligatoires, tant à l'extérieur que dans l'intérieur de Paris. Lorsque le cocher est pris sur l'un des points du territoire compris dans le ressort de la préfecture de police (1) pour venir à Paris, il ne lui est dû que le prix du temps pendant lequel il a été employé ; lorsque le cocher est pris sur un point de ce territoire pour se rendre sur un autre point de ce même territoire, le prix du voyage est réglé de gré à gré ;

4° Le cocher qui conduit des voyageurs sur l'un des points du territoire compris dans le ressort de la préfecture de police est tenu de faire faire à ses chevaux 8 kilom. à l'heure :

---

(1) Le ressort de la préfecture de police comprend le département de la Seine et les communes de Saint-Cloud, Sèvres et Meudon, du départ ement de Seine-et-Oise.

5° Lorsque le voyageur qui s'est fait transporter sur un des points du territoire compris dans le ressort de la préfecture de police revient à Paris avec la voiture, le salaire du cocher doit être calculé sur l'espace de temps pendant lequel ce cocher a été employé ; mais le prix de la première heure doit toujours lui être payé en entier ;

6° Lorsque le cocher est arrivé à destination, et qu'il doit ramener le voyageur, il a droit à un temps de repos qui ne peut dépasser le tiers du temps qu'ils a mis à se rendre au lieu de la destination. Le prix du temps de repos doit être payé par le voyageur conformément aux prix déterminés pour l'extérieur de Paris. (Voir p. 38 et 39) ;

7° Le cocher qui est pris dans Paris pour transporter des voyageurs sur quelque point que ce soit du bois de Boulogne, ou dans ce bois pour venir à Paris, est tenu de marcher au prix fixé pour le territoire situé en dedans du mur d'enceinte des fortifications, c'est-à-dire 2 fr. 50 c. ou 2 fr. l'heure, suivant l'espèce de voiture sous remise qu'on a choisie; ou 2 fr., 1 fr. 75 c. ou 1 fr. 50 c. l'heure, suivant l'espèce de voiture de place dont on s'est servi.

83. D. *Comment doit être payé un cocher de voiture sous remise ou de place qui, ayant d'abord été employé dans Paris, reçoit l'ordre de se transporter sur l'un des points compris dans le ressort de la préfecture de police (1)?*

R. Les prix établis pour l'extérieur de Paris ne sont dus au cocher qu'à compter du moment où le voyageur a fait connaître son intention de sortir de Paris.

84. D. *Quel est le nombre de personnes que les cochers de voitures de place de l'intérieur de Paris sont obligés de recevoir?*

R. 1° Pour un grand fiacre à 2 chevaux, 4 personnes et un enfant :

2° Pour un petit fiacre à 1 cheval ou à 2 chevaux, 4 personnes;

3° Pour un coupé, 3 personnes ;

4° Pour un cabriolet à 2 ou 4 roues, 2 personnes.

Les cochers ne peuvent être contraints à recevoir des animaux dans leurs voitures.

---

(1) Le département de la **Seine** et les communes de Saint-Cloud, Sèvres et Meudon.

85. D. *Les cochers doivent-ils recevoir dans leurs voitures, sans augmentation de prix, les paquets et bagages des voyageurs ?*

R. Oui : d'après une décision du 25 juin 1847, les cochers sont tenus de recevoir dans leurs voitures, sans augmentation des prix fixés par les tarifs indiqués pages 38 et 39, les paquets et bagages des voyageurs, toutes les fois que le poids, le volume et la nature de ces objets permettent de les y placer.

5ᵉ SECTION.

Voitures bourgeoises.

(Ordonnance du 20 avril 1843.)

Voitures de remise conduites par des cochers au service des locataires.

(Ordonnance du 5 octobre 1843.)

ART. 86. Demande. *Les cabriolets bourgeois doivent-ils, comme ceux de place, être numérotés, et, dans ce cas, quelle est la forme du numéro qui leur est particulière ?*

Réponse. Aucun cabriolet bourgeois à 2 roues ne doit circuler sans être numéroté. Ce numéro doit être en chiffres arabes rouges, de 4 cent. de hauteur, et apposé sur les panneaux de derrière et de côté (*ord. du 20 avril 1843*).

Les cabriolets de remise à 2 roues doivent être numérotés en chiffres arabes rouges, de 5 cent. 1/2 de hauteur (*ord. du 5 oct. 1843*).

87. D. *Dans quel cas les voitures, cabriolets bourgeois ou de remise circulant dans Paris, sont-ils en contravention ?*

R. Lorsque ceux à 2 roues ne sont pas numérotés, lorsque les uns et les autres circulent la nuit sans avoir de lanternes allumées, lorsqu'ils sont conduits dans les rues de Paris plus vite qu'au trot, et enfin lorsqu'ils sont conduits par des femmes ou des enfants au-dessous de seize ans , et généralement lorsque les voitures bourgeoises , cabriolets et voitures de remise dont les cochers sont au service des locataires , se trouvent dans un des cas prévus par les articles compris dans les 2e et 4e sections de la présente instruction.

88. D. *Les cabriolets appartenant à des personnes domiciliées hors le ressort de la préfecture de police sont-ils astreints aux mêmes formalités que ceux du ressort de la préfecture, et, en cas de contravention, que devrait-on faire?*

R. Il suffirait de s'assurer, par l'exhibition de leur passeport ou par tout autre moyen , que les contrevenants ne se trouvent que momentanément à Paris; et, dans le cas de doute, on devrait en référer au commissaire de police (*art. 4 de l'ord. du 20 avril 1843*).

OBSERVATIONS.

Les voitures et cabriolets bourgeois à 4 roues, ainsi que les voitures et cabriolets de remise, également à 4 roues, sont dispensés du numérotage, afin d'encourager le remplacement des cabriolet à 2 roues par les cabriolets à 4 roues, qui présentent plus de sécurité.

6e SECTION.

Charrettes, Fardiers, Diables, Camions, Haquets, etc.

(Ordonnance du 9 mai 1831.)

Art. 89. Demande. *Quels sont les cas où l'on doit constater les contraventions envers les conducteurs de charrettes ,*

Réponse. Lorsque ces voitures, même celles traînées à bras, ne sont pas garnies d'une plaque de métal en bon état,

fardiers, diables, camions, haquets, etc.?

indiquant lisiblement le nom et domicile du propriétaire; lorsque celles servant au transport du bois, pierres, moëllons ou objets dont la chute peut occasionner des accidents, sont chargées au-dessus des ridelles ou exhaussées au moyen de piquets placés verticalement sur ces voitures.

90. D. *Dans le cas où le chargement dépasserait les ridelles, que doivent faire les sous-officiers et gardes?*

R. Le dépôt sur la voie publique des matériaux, gravois ou autres objets dépassant les ridelles, pouvant entraver la circulation et amener de l'encombrement, on doit se borner à constater la contravention, et avoir soin d'insérer dans le procès-verbal la copie exacte de l'inscription peinte sur la plaque (*lettre du préfet en date du 11 avril 1835*). (Voir l'art. 29).

91. D. *Que doit-on observer à l'égard des voitures qui stationnent sur la voie publique sans conducteurs?*

R. On doit s'assurer si les conducteurs en sont éloignés pour tout autre motif que celui de porter leurs marchandises dans les établissements auxquels elles sont destinées.

92. D. *Les conducteurs des voitures suspendues ou non suspendues peuvent-ils monter dans leurs voitures?*

R. Il leur est défendu de monter dans leur voiture, à moins qu'elle n'ait un siège ou une banquette sur le devant, qu'elle ne soit attelée d'un seul cheval, qui doit, dans ce cas, être conduit en guides et au pas (*ord. du 9 mai 1831, art. 4*).

93. D. *Quelles sont les personnes auxquelles il est défendu de conduire des voitures ou chevaux dans Paris?*

R. Tout individu non valide ou âgé de moins de seize ans. Dans aucun cas, les femmes ne doivent conduire des chevaux non attelés (*ord. précitée du 9 mai 1831*).

7ᵉ SECTION.

Vidanges.

(Ordonnances des 23 octobre 1819 et 5 juin 1834.)

ART. 94. Demande. *Quelle est la surveillance à exercer à l'égard des voitures et appareils employés à la vidange des fosses d'aisances dans Paris ?*

Réponse. Les entrepreneurs de vidange doivent être munis d'une permission délivrée par la préfecture de police. Les voitures employées à ce service ne peuvent circuler dans Paris avant dix heures du soir, ni après huit heures du matin, du 1ᵉʳ octobre au 31 mars ; et avant onze heures du soir, ni après six heures du matin, du 1ᵉʳ avril au 30 septembre. Elles doivent porter le nom et la demeure de l'entrepreneur, en gros caractères, sur la traverse du devant, et être garnies d'une lanterne allumée. On doit aussi veiller à ce qu'une lanterne allumée soit placée devant la maison où s'opère la vidange, et que les vidangeurs lavent, avant de se retirer, la place qu'ils ont occupée sur la voie publique.

95. D. *Les voitures servant au transport de la vidange peuvent-elles sortir de Paris par toutes les barrières ?*

R. Non : elles ne doivent sortir que par la barrière du Combat ou celle de Pantin.

96. D. *Quelle est la forme des tonneaux dont peuvent se servir les entrepreneurs de vidange dans Paris ?*

R. Ils ne peuvent se servir que de tonnes, tinettes, etc., de 2 mètres cubes au plus de capacité, bien fermées, afin qu'il ne se répande pas de vidange sur la voie publique. De même, toutes les matières, en général, passées à l'état putride ou pouvant compromettre la salubrité, ne peuvent être transportées dans **Paris** que dans des tonneaux hermétiquement fermés et lutés (*ord. du 3 nov. 1846*).

97. D. *Quelle est la surveillance à l'égard du transport d'appareils de fosses mobiles dans Paris?*

R. On doit veiller à ce qu'aucun transport d'appareils de fosses mobiles n'ait lieu dans Paris avant sept heures du matin, et après quatre heures du soir, du 1er octobre au 31 mars; et avant cinq heures du matin, ni après une heure de relevée, du 1er avril au 30 septembre.

98. D. *Quelle est la surveillance à exercer à l'égard des matériaux provenant de la démolition des fosses d'aisances?*

R. Ils ne doivent jamais être déposés sur le sol des rues et places (*ord. du 23 oct. 1819, art.* 14).

99. D. *En cas de contravention aux ordonnances précitées, que doit-on faire?*

R. Les signaler par des procès-verbaux ou rapports, en se conformant, pour leur rédaction, à ce qui a été prescrit à l'art. 29 et aux observations suivantes :

OBSERVATIONS.

Les contraventions doivent être constatées avec discernement et sans passion. La garde de Paris ne doit point oublier que, plus ses attributions sont étendues et lui donnent d'autorité, plus elle doit en user avec intelligence et modération. Il lui est donc particulièrement recommandé d'apporter dans ce service la réserve nécessaire pour le rendre utile au bien public.

Les militaires du corps doivent aussi insérer avec le plus grand soin, dans leurs procès-verbaux, tous les documents nécessaires pour faciliter la répression des contraventions constatées; car il arrive souvent que, faute d'indications assez précises, des contraventions bien réelles restent impunies.

CHAPITRE III.

De la police de la voie publique.

—

1re SECTION.

Crieurs, Chanteurs, Vendeurs et Distributeurs d'écrits, de dessins et lithographie ; Musiciens ambulants, Joueurs d'orgue et Saltimbanques.

§ 1er. — CRIEURS, CHANTEURS, VENDEURS ET DISTRIBUTEURS D'ÉCRITS, DESSINS ET LITHOGRAPHIES.

ART. 100. Demande. *Quelle est la surveillance à exercer sur la voie publique envers les individus ci-dessus désignés ?*

Réponse. Les crieurs, chanteurs, vendeurs et distributeurs d'écrits, de dessins et de lithographies, doivent : 1° être munis d'une permission du préfet de police, qu'ils doivent faire renouveler tous les ans ; 2° porter ostensiblement une plaque sur laquelle sont gravés les mots : *Loi du 16 février* 1834, leurs noms et profession, et le numéro de la permission ; 3° ne vendre ou distribuer sur la voie publique aucun écrit ou imprimé avant d'en avoir déposé deux exemplaires au bureau du commissaire de police ayant dans ses attributions les crieurs publics, où ce dépôt est constaté par la remise au déposant de l'un des exemplaires revêtu du visa prescrit (1), que tout

—

(1) Ce visa ne peut être considéré comme approbation des écrits ou dessins déposés ou comme dispense du timbre ; il n'empêche pas la saisie des imprimés ou lithographies qui contiendraient une contravention aux lois, ou qui n'auraient pas été autorisés par le ministre de l'intérieur.

crieur ou distributeur doit conserver soigneusement, afin de pouvoir le représenter, ainsi que sa permission, à toute réquisition des agents de l'autorité ; 4° ne vendre ou distribuer aucun écrit, imprimé ou lithographié sur lesquels ne se trouverait pas l'indication vraie des noms, profession et demeure de l'auteur, de l'imprimeur ou lithographe ; 5° n'ajouter, lire ou débiter aucun sommaire ou commentaire au titre des écrits qu'il annonce sur la voie publique, ce qu'il ne doit faire qu'en circulant, ni avant ni après les heures indiquées sur sa permission ; 6° enfin, ne circuler ou stationner sur la voie publique avec des écriteaux, lanternes, transparents ou autres moyens d'annoncer les imprimés à vendre, à moins d'une permission exceptionnelle du préfet de police.

101. D. *Est-il quelques écrits qu'on puisse distribuer sur la voie publique sans être porteur d'une permission de l'autorité ?*

R. Non : car la simple distribution d'adresses, de prospectus quelconques, factures, etc., etc., est assujettie à une permission de l'autorité, et défense est faite à tout crieur de vendre ou distribuer des journaux, gazettes, feuilles quotidiennes ou périodiques, papiers-nouvelles, avis ou annonces qui n'auraient pas été soumis à la formalité du timbre, dont sont seuls exceptés, mais toujours soumis à la formalité du dépôt et du visa : 1° les lois et ordonnances du gouvernement, les ordonnances de police, les arrêts et jugements et les actes des autorités constituées, lorsqu'ils seront publiés

102. D. *Les chanteurs sont-ils soumis à d'autres conditions que celles imposées aux crieurs, vendeurs et distributeurs d'écrits, etc.?*

conformément au texte; et 2° les prospectus et catalogues de librairie, annonces d'objets relatifs aux sciences et aux arts dont s'occupe l'industrie (*ord. du 19 oct.* 1839).

R. Oui : indépendamment des conditions que tout chanteur doit remplir concernant sa permission, qui devra être visée tous les six mois, le port ostensible de la plaque indicative de sa profession, le dépôt, le visa et la conservation du visa des chansons qu'il voudra débiter, un chanteur ne doit : 1° chanter et vendre aucune chanson dont le dépôt n'aurait pas été fait au ministère de l'intérieur, et qui ne contiendrait pas l'indication des noms et demeure de l'imprimeur; 2° chanter, vendre et distribuer aucune chanson portant atteinte à la morale ou à l'ordre public; 3° gêner en aucune manière la circulation sur la voie publique; 4° enfin, il ne doit pas se présenter sur les emplacements autorisés accompagné d'enfants en bas âge. Tout chanteur doit en outre, à la première injonction de l'autorité, se retirer de la place où il se trouverait, et ne doit s'introduire dans aucun établissement ouvert au public, sans le consentement des propriétaires ou entrepreneurs, pour y chanter, vendre ou proposer des chansons (*loi du 16 fév.* 1834; *ord. des 31 déc. et 19 oct.* 1839).

§ 2. — MUSICIENS AMBULANTS, JOUEURS D'ORGUE
ET SALTIMBANQUES.

ART. 103. *Demande. Quelle est la surveillance particulière à exercer envers les joueurs d'orgue, saltimbanques et musiciens ambulants sur la voie publique?*

Réponse. Les musiciens ambulants et les joueurs d'orgue doivent être munis d'une permission du préfet de police et de la médaille indicative de leur industrie, qu'ils doivent porter ostensiblement. Ils ne doivent s'introduire dans aucun établissement public, pour y exercer leur profession, sans la permission des propriétaires ou entrepreneurs. Ils ne peuvent cumuler avec leur profession celle de chanteur, sans en avoir obtenu la permission et sans s'être conformé aux conditions spéciales à ce genre d'industrie. Leur permission est valable pour un an, à moins d'ordres contraires.

Les saltimbanques ne doivent gêner en aucune manière la circulation sur la voie publique, se retirer de la place où ils se trouveraient à la première injonction des agents de l'autorité, porter ostensiblement leur médaille, et s'abstenir de tous gestes ou discours contraires à la morale ou à l'ordre public. Leur permission est valable aussi pour un an, à moins d'ordres de retrait.

104. D. *Les chanteurs, musiciens ambulants, joueurs d'orgue et saltimbanques peuvent-ils exercer leur profession à toute heure, sur toutes les places et dans toutes les rues de Paris?*

R. Non : ils ne peuvent s'arrêter ou stationner que sur les emplacements et aux heures qui sont indiquées sur leur permission.

105. D. *Quels sont les em-*

R. 1° Le boulevart de l'Hô-

placements affectés aux musiciens ambulants, joueurs d'orgue, saltimbanques, faiseurs de tours, etc.?

pital; 2º la Montagne-Sainte-Geneviève; 3º place Saint-Sulpice; 4º marché Saint-Germain; 5º butte du Montparnasse; 6º carrefour de l'Observatoire; 7º quai d'Orsay; 8º rue de Sèvres, près l'hospice des Ménages; 9º rue Saint-Antoine, près le poste Birague; 10º barrière du Trône; 11º place du marché Popincourt; 12º rue de Vendôme; 13º place Boucherat; 14º place Royale; 15º place du Jardin-des-Plantes; 16º boulevart de la Galiote; 17º et, enfin, place de la Madeleine, du côté de la rue Tronchet (*ord. du* 14 *déc.* 1831).

106. D. *En cas de contravention aux ordonnances précitées, que doivent faire les sous-officiers et gardes?*

R. Ils doivent conduire les contrevenants devant le commissaire de police le plus voisin (*ord. des* 14 *déc.* 1831 *et* 22 *fév.* 1834).

2ᵉ SECTION.

Étalagistes; Placards séditieux; Chiens.

ART. 107. Demande. *Les étalagistes et autres personnes stationnant sur la voie publique pour y exercer une industrie, doivent-ils être porteurs d'une permission?*

Réponse. Oui : car nul, sans aucune exception, ne peut stationner sur la voie publique, même momentanément, pour y étaler des marchandises ou y exercer une industrie, qu'en vertu d'une permission de l'autorité (*ord. du* 22 *janv.* 1832).

Dans le cas où les sous-officiers et gardes consigneraient dans les postes des objets saisis sur la voie publique, tels que : charrettes à bras, paniers, tables, éventaires, etc., ils doivent y adapter solidement une étiquette contenant le nom du propriétaire desdits objets qui s'en trouvait en possession lors de la saisie. De même, les chefs de poste ne doivent recevoir aucun de ces objets sans que cette formalité ait été remplie par les déposants.

108. D. *En cas de contravention à l'ordonnance précitée, que doit-on faire?*

R. On doit s'assurer d'une manière positive de l'individualité des contrevenants, et signaler leurs contraventions par des procès-verbaux (*ord. précitée*).

109. D. *Que doivent faire les sous-officiers et gardes qui découvriraient des placards séditieux, et quelle est la surveillance à exercer envers les afficheurs?*

R. Ils doivent les enlever, les adresser au colonel commandant le corps, en rechercher les auteurs, et, s'ils sont connus, les arrêter et les livrer à l'autorité.

Ils doivent aussi veiller à ce qu'aucun individu ne pose ou peigne des affiches aux angles des rues, places, carrefours, quais ou boulevarts de la capitale, ainsi que dans les 5 mètres de distance à partir desdits angles, et à ce qu'il ne soit apposé sur l'emplacement où se fait l'affichage des spectacles, bals et concerts, et à 4 mètres de distance desdits emplacements, des affiches et annonces étrangères aux entreprises de théâtres, bals et concerts, et enfin à ce qu'aucun individu n'affiche pendant la nuit (*ord. du 8 nov. 1841*).

110. D. *Dans quels cas les propriétaires de chiens peuvent-ils encourir des contraventions?*

R. Lorsqu'ils les laissent vaguer sur la voie publique sans être muselés, n'importe dans quelle saison, et que ces chiens n'ont pas le cou garni d'un collier où sont gravés le nom et la demeure des personnes auxquelles ils appartiennent. En cas de blessures faites par un chien, on doit inviter le propriétaire, et, au besoin, le contraindre, à se rendre devant le commissaire de police.

111. D. *Le propriétaire d'un établissement ouvert au public doit-il museler ses chiens lorsqu'ils sont dans son établissement ?*

R. Oui : lors même qu'ils y seraient à l'attache.

Quant aux chiens dits boule-dogues et boule-dogues métis ou croisés, ils ne doivent jamais, lors même qu'ils seraient conduits en laisse, muselés ou attachés, circuler sur la voie publique, ni être placés dans un établissement ouvert au public. Ces animaux doivent toujours être tenus à l'attache et muselés, même dans l'intérieur des habitations, cours, jardins et autres lieux non ouverts au public.

112. D. *Quelles sont les contraventions que peuvent encourir les conducteurs de diligences, messageries et autres voitures publiques à l'égard des chiens ?*

R. Lorsqu'ils tolèrent que ces animaux soient placés dans leurs voitures sans être muselés ; les cochers de fiacres ne peuvent être contraints d'en recevoir dans les leurs.

113. D. *Les conducteurs de voitures traînées à bras peuvent-ils encourir des contraventions à l'égard des chiens ?*

R. Oui : lorsqu'ils attachent ou attellent un chien à leurs charrettes (ord. *du 27 mai* 1845).

114. D. *Doit-on se borner à constater les contraventions encourues pour une cause quelconque par les conducteurs de voitures traînées à bras ?*

R. Lorsqu'il y a refus de répondre ou doute sur la déclaration du conducteur, il faut consigner la voiture dans un poste, à la disposition du commissaire de police, attendu que la plupart des conducteurs de ces voitures sont des commissionnaires insolvables.

115. D. *En cas de contra-*
vention aux ordonnances pré-
citées, que doit-on faire?

R. Après s'être assuré, d'une
manière positive, du nom et
de la demeure du propriétaire
contrevenant, on doit rédiger
un procès-verbal pour être envoyé à qui de droit. (*Voir* art.
37.)

3ᵉ SECTION.

Service des bachots ; Bains en rivière ; Secours aux noyés,
asphyxiés et blessés sur la voie publique ; Boîtes de secours.

ART. 116. Demande. *Dans*
la saison des bains, quels sont
les devoirs des militaires du
corps de service aux bachots?

Réponse. Tantôt ils circulent
sur la rivière, montés dans
le bachot, conduit par un ma-
rinier soldé à cet effet ; tantôt
ils stationnent dans ce bachot
ou parcourrent les berges dans
l'étendue qni leur a été assi-
gnée, surtout aux endroits ou
aux heures où le public se présente pour se baigner. Ils ne
peuvent quitter leur poste sans
l'autorisation de l'inspecteur de
la navigation.

117. D. *Quel est le but de ce*
service?

R. De veiller à la sûreté des
citoyens en portant secours aux
individus qui se trouveraient en
danger de se noyer ; de faire
respecter la décence publique
en empêchant qui que ce soit,
et surtout les enfants, de se
baigner en Seine ou dans le canal Saint-Martin, soit nus, soit
couverts, et encore en ne tolé-
rant que personne ne se montre
nu hors des bains. Sont exceptés cependant les baigneurs porteurs de permissions d'aller en
pleine eau, pourvu qu'ils soient

munis d'un caleçon ; mais cette tolérance ne s'étend point au canal Saint-Martin , dans lequel il est défendu expressément de se baigner (*art. 225 de l'ord. du 25 oct. 1840*). Les plantons de stations des barrières de la Gare et de Passy doivent veiller aussi à ce qu'on ne se baigne pas nu, maintenir le bon ordre parmi les baigneurs, faire respecter les consignes et secourir, par les mariniers , les personnes qui seraient en danger de se noyer.

118. D. *En cas de contravention , que doivent faire les sous-officiers et gardes ?*

R. Faire rhabiller les individus qui tenteraient de se baigner, conduire les récalcitrants ou les personnes qui se seraient mises à l'eau chez le commissaire de police du quartier; expulser les enfants , et avoir soin de ne pas poursuivre les baigneurs de manière à les effrayer et à leur faire courir des dangers.

119. D. *Lorsqu'un chef de poste est prévenu que quelqu'un court des dangers dans la rivière, sur la voie publique ou partout ailleurs, que doit-il faire ?*

R. Il fait prévenir de suite le médecin le plus voisin pour porter les premiers secours à l'individu que le danger menace; il en donne en même temps avis au commissaire de police du quartier; ce dernier est également averti lorsqu'il s'agit d'un noyé retrouvé ou d'un individu tombé dans un endroit d'où il n'aura pu être retiré (*ord. de police du 22 déc. 1822*).

120. D. *Lorsqu'un individu est trouvé blessé sur la voie publique, ou retiré de l'eau en état de souffrance, ou asphyxié, soit par les vapeurs méphitiques , soit par le froid ou*

R. Il doit être transporté de suite dans un corps-de-garde ou dans tout autre endroit commode dans lesquels se trouve une boîte de secours, ou dans un hôpital, s'il y en a un à

la chaleur, que doit-on faire?

proximité *(ord. du 22 déc. 1822).*

S'il s'agissait d'une strangulation, on couperait immédiatement le lien, sans attendre l'arrivée du commissaire de police.

121. D. *Si l'individu est transporté dans un corps-de-garde, quels sont alors les devoirs du chef de poste?*

R. Il requiert de suite l'assistance du médecin le plus voisin, et fait prévenir le commissaire de police. En attendant, s'il s'agit d'un noyé ou asphyxié, le chef du poste lui fait administrer les secours applicables à son état, ainsi que l'indique l'instruction suivante :

INSTRUCTION *sur les secours à porter aux noyés et asphyxiés, en attendant l'arrivée du médecin.*

1° Couper les vêtements du noyé avec des ciseaux, essuyer le corps, l'envelopper d'un peignoir et d'un bonnet de laine, le mettre sur un lit de camp, la tête et la poitrine plus élevées que les jambes ;

2° Coucher le corps sur le côté droit, pencher la tête en avant pour faire rendre l'eau ;

3° Frotter avec le lainage sur tout le corps pour rappeler la chaleur.

4. Aspirer l'eau, l'écume ou les mucosités avec une pompe à air, en ayant soin de serrer la narine du côté opposé où la canule à narine est introduite ;

5° Cesser les aspirations dès que le noyé donne des signes de vie ;

6° Si les mâchoires sont serrées, introduire une spatule en bois entre les dents pour les écarter ;

7° Remplir le caléfacteur d'eau froide que l'on fera chauffer avec de l'esprit de vin ; dès qu'elle sera chaude, charger la bassinoire d'eau bouillante, la promener sur le corps par-dessus le lainage ;

8° Frotter les mains et la plante des pieds avec les brosses ;

9° Si, pendant les efforts plus ou moins pénibles que fait

le noyé pour aspirer l'air, l'on s'aperçoit qu'il a des envies de vomir, provoquer le vomissement en chatouillant le fond de la bouche avec la barbe d'une plume, de la charpie et du papier;

10° Si le noyé a bu ou mangé, l'on peut et avec succès donner un grain d'émétique dans un demi-verre d'eau tiède, pour provoquer les vomissements;

11° Si, malgré ces soins, le noyé n'est pas rappelé à la vie, l'on peut recourir à l'insufflation de fumée de tabac dans le fondement; à cet effet, on charge une pipe de tabac, la petite extrémité est introduite dans l'ouïe du noyé, et l'on souffle sur la grosse extrémité avec la bouche pour que l'introduction de la fumée ait lieu dans le fondement;

12° Dès que le noyé est revenu à la vie, le faire porter sur un brancard, soit à son domicile, soit à l'hôpital le plus voisin.

A son arrivée, le médecin prend la direction des secours, et le chef de poste veille à ce qu'ils puissent être administrés avec ordre et sans embarras.

122. D. *Si l'individu rappelé à la vie a besoin de secours ultérieurs, que doit-on faire?*

R. Il doit être transporté à son domicile, s'il le demande, sinon à l'Hôtel-Dieu, et, en cas d'urgence, à l'hospice le plus voisin.

123. D. *S'il ne peut être rappelé à la vie, que doit-on faire?*

R. S'il n'est pas réclamé, on doit veiller à ce qu'il soit porté à la Morgue par les soins du commissaire de police.

124. D. *Après l'administration des secours, que doit faire le chef de poste?*

R. Il veille à ce que les ustensiles et médicaments soient fidèlement réintégrés dans la boîte, en ordre et en bon état. Si quelque ustensile a été dégradé, ou quelque médicament épuisé, il en rend compte sur son rapport; il en prévient également par écrit le commissaire de police; si, enfin, la boîte a été déplacée, il veille à ce qu'elle soit sur-le-champ rapportée au lieu du dépôt.

OBSERVATIONS.

L'importance du service indiqué dans cette section sera facilement comprise par les sous-officiers et gardes, car il ne s'agit pas seulement ici de devoirs militaires, mais encore de devoirs d'humanité. Ils devront donc bien s'en pénétrer, afin qu'aucun événement intéressant la vie des citoyens ne les trouve au dépourvu.

Les gardes de planton dans les bains y sont pour le maintien de l'ordre et de la décence. Dans ce service où, d'ordinaire, ils se trouvent isolés, ils comprendront la nécessité de s'observer davantage ; ils s'abstiendront de boire avec qui que ce soit ; ils éviteront de compromettre l'arme, d'employer la force, au risque d'avoir le dessous, et se reporteront à l'article 14 de la présente instruction, dans le cas de force insuffisante.

CHAPITRE IV.

Du service dans les postes.

—

1re SECTION.

MANIÈRE DE RELEVER LA GARDE.

Devoirs des brigadiers de pose et de consigne.

ART. 125. Demande. *Quel est le premier devoir d'un commandant de détachement, lors de la réunion de sa troupe ?*

Réponse. Il doit en passer l'inspection, s'assurer du bon état des armes, et de l'habillement et si chaque homme est muni de six capsules, placées dans la petite poche aux capsules.

126. D. *Comment doivent marcher les gardes, pour se rendre à leurs postes ?*

R. Au pas de route, l'arme sur l'épaule droite, dans le plus grand ordre et en silence, la baïonnette au canon ; la cavalerie au pas. Le chef du détachement rend les honneurs militaires en passant devant un poste ou une troupe armée, et informe le colonel, par un rapport particulier, de la négligence qu'on aurait mise à lui rendre lesdits honneurs. (*Voir* pour le retour, art. 139.)

127. D. *Que doit faire le commandant de la nouvelle garde, lorsqu'il approche du poste qu'il doit relever ?*

R. Faire porter les armes à sa garde à 15 pas de l'ancienne, et faire battre aux champs ; la garde prend, en même temps, le pas ordinaire.

128. D. *Que doit faire alors*

R. Il rassemble promptement

le commandant de l'ancienne garde?

sa garde, lui fait porter les armes et le tambour bat aux champs.

129. D. *Où doit se placer la nouvelle garde en arrivant au poste?*

R. **A** gauche de l'ancienne, si le terrain le permet ; dans le cas contraire, les deux gardes se placent face à face, l'ancienne faisant front et la nouvelle tournant le dos au corps-de-garde.

130. D. *Comment doit être formée une garde?*

R. Selon le nombre d'hommes dont elle est composée; sur un rang, jusqu'à onze hommes; sur deux rangs, depuis douze jusqu'à dix-sept; sur trois rangs, depuis dix-huit et au-dessus.

131. D. *Quelle est la place d'un officier, maréchal des logis ou brigadier chef de poste?*

R. L'officier se place au centre, à deux pas en avant de sa garde, le maréchal des logis et le brigadier à la droite du premier homme du premier rang.

132. D. *Quelle est celle des maréchaux des logis et brigadiers non chefs de poste?*

R. le maréchal des logis à la droite du premier rang, le premier brigadier à la gauche du premier rang, les autres brigadiers en serre-files.

133. D. *Que doivent faire les chefs de deux gardes, lorsqu'elles sont placées pour se relever?*

R. S'avancer l'un vers l'autre pour donner et recevoir la consigne.

134. D. *Que fait ensuite le chef de la nouvelle garde?*

R. Il ordonne au brigadier de consigne de prendre possession du corps-de-garde et d'en vérifier le mobilier.

135. D. *Que fait le chef de poste pendant que le brigadier de consigne visite le corps-de-garde?*

R. Il divise sa garde, lorsque le poste est assez nombreux pour être partagé en plusieurs divisions.

136. D. *Comment la divise-*

R. Il la divise en deux ou

t-il, et quel est le but de cette division?

137. D. *La garde étant inspectée et divisée, de quoi s'occupe alors le commandant du poste?*

138. D. *Que doivent faire les deux chefs de poste pendant qu'on relève les sentinelles?*

139. D. *Lorsque les factionnaires sont relevés et rentrés, comment l'ancienne garde quitte-t-elle le poste?*

140. D. *Qu'ont à faire les sous-officiers ou brigadiers chefs de petits postes dépendant d'une garde commandée par un officier, lorsqu'ils sont relevés?*

141. D. *Que doit faire le chef de la nouvelle garde au*

quatres parties, selon sa force, pour le cas où il serait obligé de faire feu ou d'envoyer du monde de plusieurs côtés à la fois.

R. Le commandant de la garde montante désigne les sentinelles de la première pose ; après quoi il fait le commandement : *Première pose en avant,* et ordonne au moins l'ancien brigadier de relever les sentinelles.

R. Visiter ensemble les avenues du poste ; le commandant de l'ancienne garde donne à celui de la nouvelle tous les éclaircissements nécessaires sur les consignes et le service particulier du poste.

R. Son chef la met d'abord au port d'armes, la fait marcher ainsi cinquante pas ; le tambour bat aux champs ; le chef arrête sa garde, lui fait ôter la baïonnette, et ordonne au maréchal des logis de la conduire en ordre au quartier, l'arme sur l'épaule droite.

Les hommes qui auraient été détachés, pour un service quelconque, rentreront individuellement à leur caserne.

R. Aussitôt relevés, ils doivent rejoindre l'officier commandant le poste duquel ils dépendent, lui rendre compte et faire devant lui l'appel des hommes qui auraient été détachés avec eux.

R. Il fait porter les armes et battre aux champs ; il défend

moment du départ de l'ancienne?

aux hommes de s'absenter du poste, fait faire demi-tour à droite, présenter les armes, haut les armes et rompre les rangs.

142. D. *Que doivent faire les hommes de garde après avoir rompu les rangs?*

R. Placer leurs fusils sur le ratelier d'armes, à leur numéro, sous la surveillance des sous-officiers et brigadiers.

143. D. *Est-il permis à un soldat de garde de quitter son poste, sa giberne, et le commandant de la garde peut-il se permettre de jouer, laisser jouer, donner à boire et à manger à qui que ce soit, excepté à ceux qui sont de service avec lui?*

R. Outre que ces sortes de licences ne sont pas permises, le chef de poste doit encore veiller à ce qu'aucune personne étrangère ne donne des boissons aux hommes de sa garde.

144. D. *Lorsqu'un soldat de garde fait quelques fautes légères, comment doit-il être puni?*

R. En lui infligeant une punition proportionnée à sa faute, à la descente de sa garde.

145. D. *Si un homme de garde se rend coupable d'une faute grave, que doit faire le chef de poste?*

R. Il le fait relever de suite et en rend compte immédiatement au colonel et à la place, sur le rapport.

146. D. *Un soldat de garde peut-il être arrêté sans la participation du commandant du poste?*

R. Non, sous aucun prétexte; mais le chef de poste doit obtempérer au réquisitoire de l'autorité.

147. D. *Comment nomme-t-on le premier brigadier d'un poste?*

R. Brigadier de consigne; et, s'il y en a deux, le second se nomme brigadier de pose.

148. D. *Et dans le cas où il n'y a qu'un brigadier chef de poste?*

R. Il est en même temps de consigne et de pose; il peut se faire aider, pour la pose des sentinelles, par le plus ancien garde du poste.

149. D. *Que doivent faire les brigadiers du même poste relativement à leur service !*

R. Le régler entre eux, ainsi qu'entre les gardes, de sorte que chacun ait un service égal à faire.

150. D. *Quel est l'emploi du brigadier de consigne ?*

R. Le brigadier de consigne est chargé de la propreté du corps-de-garde et de la conservation des objets qui y sont consignés; il fait les reconnaissances des rondes, patrouilles et troupes; escorte les individus en arrestation. (*Voir art.* 178.)

151. D. *Quel est l'emploi du brigadier de pose?*

R. Il est responsable de la tenue et de l'exactitude des sentinelles, de la propreté de leurs postes, de la conservation des guérites et des capotes; il numérote les hommes de chaque pose; il surveille l'arrangement des armes; il appelle un quart d'heure d'avance les hommes qui doivent aller en faction et les y conduit.

152. D. *Comment le brigadier de consigne doit-il faire la distribution des corvées de la garde?*

R. En commençant par la gauche du contrôle.

153. D. *A quoi doit faire attention le brigadier de consigne en prenant possession du corps-de-garde?*

R. Il s'assure s'il est en bon état, ainsi que tous les objets portés sur la consigne, et en rend compte au chef du poste.

154. D. *De quelle manière les sentinelles sont-elles prises sur la garde?*

R. Autant que possible, également sur chaque division, lorsque le poste est assez nombreux pour être partagé en plusieurs divisions; par la droite, lorsqu'il n'est pas divisé.

155. D. *A quoi s'occupe le*

R. Il les fait placer sur deux

brigadier de pose lorsque le chef de poste a fini la division de sa garde, désigné et fait sortir les hommes de la première pose, et qu'il lui a ordonné de relever les sentinelles?

rangs et les numérote. S'il y a moins de quatre hommes, il les place sur un rang pour les conduire en faction.

156. D. *Par qui doit-il être accompagné pour la première fois?*

R. Par le brigadier de pose de l'ancienne garde.

157. D. *Par quelle sentinelle doit-il commencer?*

R. Par celle postée devant les armes, laquelle rentre, n'étant pas, comme les autres, tenue de suivre la pose.

158. D. *Où va-t-il après?*

R. A la sentinelle la plus éloigée et successivement en revenant sur le poste.

159. D. *Que doit-il faire lorsqu'il arrive à six pas d'une sentinelle pour la relever?*

R. Commander halte à toute la pose, et ensuite: *Tel numéro en avant, marche.*

160. D. *De quelle manière place-t-il la nouvelle sentinelle pour relever, et que fait-il après que l'ancien factionnaire a transmis la consigne à la sentinelle qui le relève?*

R. Il la place à la gauche de l'ancienne, après quoi il commande: *Portez vos armes, à droite et à gauche présentez vos armes*, et fait en sa présence répéter la consigne; il fait ensuite porter les armes, et commande *Marche* pour l'ancien factionnaire, ainsi que pour toute la pose, qui était restée à six pas de là.

161. D. *Comment le brigadier doit-il porter son arme en allant relever, et à quoi doit-il faire attention en relevant les sentinelles?*

R. Dans le bras droit, en sous-officier; les hommes de la pose portent l'arme au bras. Il veille à ce qu'il n'y ait pas, dans les guérites, des pierres pour s'asseoir, que les fenêtres n'en soient pas bouchées, et que les factionnaires ne posent pas leur fusil dans le fond de leur guérite.

162. D. *Que fait-il pour les*

R. Un quart d'heure d'avance,

autres poses, lorsque l'heure de relever s'approche?

il éveille ou appelle les hommes qui doivent aller en faction ; l'heure sonnée, il fait sortir et assembler les gardes de toute la pose, et les présente à l'inspection du chef de poste ; à sa rentrée il présente également les anciennes sentinelles au commandant de la garde, et rend compte de sa pose.

163. D. *Combien un factionnaire doit-il faire d'heures de faction pendant vingt-quatre heures et de combien d'heures se compose la faction?*

R. Jamais moins que six heures ; et du 1er mai au 1er octobre, il peut en faire huit.

La faction est de deux heures; mais dans les fortes gelées, on relève toutes les heures, d'après l'ordre qui en est donné par le commandant de la place. Le temps passé en patrouille compte pour faction.

2ᵉ SECTION.

Devoirs généraux des chefs de poste.

Art. 164. Demande. *Quel est l'ensemble des devoirs d'un commandant de poste?*

Réponse. C'est de prendre une connaissance exacte de toutes les consignes ; de donner ses instructions à ses maréchaux des logis ou brigadiers, après le départ de l'ancienne garde ; de visiter les sentinelles ; de faire souvent l'appel, avec ou sans armes, afin d'accoutumer les gardes à sortir lestement et à se former le plus promptement possible; de tenir les hommes dans le plus grand ordre et immobilité dans les rangs ; de faire l'inspection de ceux qui viennent ou qui vont en faction, et de régler, avant leur départ, le lieu où chacun d'eux doit être placé ; de veiller attentivement à la stricte exécution des consignes, ainsi qu'au maintien du bon ordre et de la police : enfin, de se promener souvent au-dehors de son poste pour mieux voir ce qui se passe ; de veiller à ce que les hommes n'aient point de bouchons à leurs fusils; qu'ils ne fument que dans le poste ; qu'ils ne causent point avec des femmes ou des étrangers ; de jour ou de nuit, il s'assure qu'il y ait toujours deux hommes et un brigadier debout, prêts à se porter partout où besoin sera, et à reconnaître les rondes et patrouilles. Il doit veiller à ce que sa troupe mette la plus grande célérité à sortir et à se mettre en bataille, lorsqu'il a entendu la sentinelle crier aux armes. Il veille également à ce que les hommes qui viennent s'asseoir sur les bancs placés en dehors du poste soient dans une bonne tenue, et qu'ils se lèvent lorsque des officiers en tenue passent auprès d'eux. Il en est de même lorsqu'un officier entre dans le poste; toutefois, les hommes couchés sur le lit de camp pour prendre du repos ne sont pas obligés de se lever, à moins que l'officier ne soit de service.

165. D. *Un chef de poste peut-il s'absenter pour quelque motif urgent, ou donner la permission à des hommes de s'absenter ?*

R. Non: conformément à l'art. 22 de la Consigne générale, il ne peut, sous aucun prétexte, s'écarter de son poste, et doit y prendre ses repas ; il ne doit permettre à aucun homme de quitter le poste.

166. D. *Si un chef de poste entend crier : A la garde ! que doit-il faere ?*

R. Il envoie quelques hommes pour prêter secours et arrêter les auteurs du désordre.

167. D. *Si un chef de poste est prévenu d'un rassemblement dans son voisinage, d'une émeute, d'une insurrection, ou s'il entend battre la générale, que doit-il faire?*

R. Faire prendre les armes à sa garde, se tenir sur la défensive, faire charger les armes, et, en cas d'attaque, se retrancher dans son poste, et s'y défendre à toute extrémité, agissant alors dans le cas de légitime défense. Il fait prévenir ses factionnaires d'être alertes et de se replier à propos sur le poste. En cas de troubles sérieux, il fait prévenir (autant que les communications le permettent) l'état-major du corps ou la caserne la plus voisine, ainsi que le commandant de la place.

168. D. *Quel est le devoir d'un chef de poste, relativement aux plaintes, réquisitoires ou interrogatoires?*

R. Les chefs de poste doivent *seuls* recevoir les plaintes, les réquisitoires et faire les interrogatoires; enfin, c'est à eux seuls qu'appartient le droit d'ordonner le service et d'en diriger l'exécution.

169. D. *Quel est le devoir des sous-officiers et gardes requis par les huissiers chargés de l'exécution des jugements rendus par le tribunal; ou les gardes du commerce ou agents chargés de la mise à exécution des jugements disciplinaires de la garde nationale relativement aux arrestations confiées à ces gardes ou agents?*

R. Prêter main-forte et s'emparer des prévenus, mais dans le cas seulement où il y aurait rébellion envers l'autorité qui agit, et se rappeler qu'ils ne peuvent pénétrer dans le domicile d'un particulier qu'avec l'assistance d'un commissaire de police ou d'un juge de paix. (*Voir* art. 32.)

170. D. *Que doit faire un chef de poste avant de recevoir et déposer au violon les individus qui lui sont amenés par une autorité quelconque?*

R. Exiger un réquisitoire ou un mandat délivré par un officier de police judiciaire.

Cependant, si le cas était pressant et réclamait une exécution instantanée, il n'exigerait le réquisitoire qu'après avoir déposé au violon les individus arrêtés. Il est recommandé aux chefs de poste de recevoir, dans les violons, les prisonniers arrêtés par les dé-

171. D. *Lorsqu'une personne est arrêtée et déposée au poste, soit par un garde, soit par toute autre autorité, le chef du poste doit-il la mettre de suite au violon?*

R. Non : elle doit être conduite immédiatement chez le commissaire de police, à moins qu'elle ne soit en état d'ivresse ou qu'elle ne cause de scandale. Si le commissaire de police était absent, on doit y retourner jusqu'à dix heures du soir.

172. D. *Un chef de poste peut-il admettre dans son poste des personnes étrangères?*

R. Non : à moins d'une consignation légale, ou bien qu'elles ne se rendent à l'autorité.

173. D. *Quelle est la surveillance à exercer par un chef de poste relativement aux personnes déposées au violon?*

R. Quel que soit le motif de leur arrestation, il doit veiller à ce qu'elles ne communiquent avec personne, verbalement ou par écrit, avant d'avoir été interrogées par le commissaire de police.

174. D. *Quelle précaution un chef de poste a-t-il à prendre envers tout individu arrêté pour vol ou autre crime ou délit?*

R. Il doit le faire fouiller, afin d'ôter au prévenu les armes et outils dont il pourrait se servir pour se suicider, tenter de s'évader ou de se démunir d'objets ou d'instruments pouvant aider aux recherches de la justice.

175. D. *Un chef de poste a-t-il autorité pour mettre en liberté un individu arrêté pour une cause quelconque?*

R. Non : une fois arrêté, et quelque futile qu'ait été le motif de son arrestation, le prévenu ne peut être mis en liberté que sur la réquisition du commissaire de police.

176. D. *Si un service urgent obligeait un chef de poste à détacher la moitié des hommes de sa garde, devrait-il déférer à une réquisition ayant pour but d'en détacher davantage?*

R. Il ne devrait obtempérer à une réquisition semblable qu'avec beaucoup de discernement, et de manière à ne jamais dégarnir entièrement son poste, surtout lorsque la tranquillité habituelle est troublée.

177. D. *Le chef d'un poste ne doit-il déférer qu'aux réquisitions qui lui sont faites par les agents de l'autorité?*

R. Il défère à toutes les réquisitions des autorités qui ont le droit de requérir, et en outre il doit assistance à tout citoyen qui la réclame; mais, dans ce cas, il fait conduire devant le commissaire le plaignant et le prévenu (*art.* 613 *du décret du* 1er *mars* 1854).

178. D. *Quelle attention doit avoir un chef de poste en déférant à une réquisition pour conduire des prévenus?*

R. Il ne doit jamais commander un seul homme pour une opération semblable. Il commande deux hommes par prévenu, et lorsque le nombre des gardes est de six hommes, ils sont commandés par le brigadier de consigne.

179. D. *Les agents de police autres que les commissaires de police et officiers de paix peuvent-ils être admis dans les postes?*

R. Oui : soit en uniforme, soit en bourgeois; dans ce dernier cas, ils doivent exhiber leur carte. Ils ont le droit d'y stationner sans être tenus de rendre compte des motifs qui les y obligent. Dans ce cas, le chef de poste rend compte, sur son rapport, du nombre d'agents, de l'heure de l'arrivée et de celle du départ. Les commissaires de police et les officiers de paix seuls sont autorisés à pénétrer dans la chambre du chef de poste.

180. D. *Les commissaires de police peuvent-ils requérir les gardes dans les postes pour porter les dépêches ou paquets à la préfecture ou ailleurs?*

R. Non, à moins d'une autorisation du colonel ou du préfet de police, ou d'une nécessité reconnue indispensable et urgente.

181. D. *Quels sont les renseignements que doit donner le chef de poste aux agents de police délégués par les commissaires de police pour faire, le matin, la tournée dans les corps-de-garde de leur arrondissement?*

R. Le nombre, les noms des personnes arrêtées et déposées dans les violons au moment de leur passage.

182. D. *Où doivent être déposées les clefs du violon?*

R. Constamment entre les mains du chef du poste, qui demeure responsable de toute évasion.

183. D. *Quelle est la responsabilité du chef de poste relativement aux objets mobiliers lorsqu'ils sont en mauvais état et qu'ils doivent être remplacés?*

R. Le chef de poste est responsable de tous les objets fournis à son poste et portés sur les deux inventaires de la ville et du corps. Il doit les vérifier à son arrivée avec le chef de la garde descendante, et constater leur état sur son rapport; faute de quoi ils seraient remplacés à son compte. Tout objet dégradé doit être réparé aux frais de celui qui a commis la dégradation. Les objets appartenant au corps, qui sont en mauvais état, sont envoyés, à midi, à l'état-major du corps, pour être échangés sur un reçu du chef de poste. Les objets appartenant à la ville sont envoyés, de midi à une heure, à l'Hôtel-de-Ville, bureau de l'inspecteur des corps-de-garde, pour y être échangés. Dans les ministères ou administrations, les chefs du poste s'adressent à l'économe de ces établissements. Défense expresse est faite de laisser apposer des affiches, intérieurement ou extérieurement, sur les murs du poste, d'y laisser faire des inscriptions, ou déposer des matériaux ou ordures.

184. D. *Lorsque des personnes arrêtées commettent des dégradations dans le poste, que doit faire le chef du poste?*

R. En prévenir de suite le commissaire de police, qui oblige les délinquants à payer le dégât, ou qui donne un certificat d'insolvabilité, si elles ne sont point en état de payer. Mention en sera également faite sur le rapport.

185. D. *Quelle attention doit avoir le chef de poste relativement aux ordres et consignes et aux réparations exécutées dans son poste?*

R. Veiller à ce qu'ils ne soient ni dégradés ni déplacés; il ne doit pas permettre qu'on affiche dans son poste aucun ordre, consigne ou instruction qui n'aurait pas été signé par le préfet de police, le général commandant la place ou le colonel commandant le corps.

Si les consignes sont dégradées, le chef du poste en rend compte sur son rapport ; il doit aussi rendre compte des réparations ou travaux quelconques exécutés dans son poste par ordre de l'autorité.

186. D. *Quels sont les devoirs du chef de la garde montante à l'égard du rapport qui lui est laissé par celui qu'il relève?*

R. Le chef de la garde montante inscrit, aussitôt son arrivée, sur ce rapport, la composition numérique de son poste, le nombre de factionnaires, le nom des hommes de service ; il vérifie celui des individus laissés au violon, le motif, l'heure de leur arrestation et la destination qu'ils ont reçue. Il se fait représenter les ordres de consigne, et, s'il n'en a pas été délivré, il le mentionne ; il fait également mention, sur son rapport, des arrestations civiles et militaires, et de tous les événements survenus pendant sa garde. En cas d'événement grave et extraordinaire, le chef du poste en rend compte de suite au colonel par un rapport particulier, ainsi qu'à l'état-major de la place.

Le chef de poste doit remplir lui-même son rapport.

187. D. *Quel est le devoir du chef de poste, si on vient lui faire la déclaration qu'un cadavre gît sur la voie publique?*

R. Il fait placer une ou deux sentinelles pour empêcher d'enlever ou de dépouiller le corps, jusqu'à l'arrivée du commissaire de police qu'il fait prévenir sur-le-champ. (*Voir*, en outre, l'art. 26.)

S'il s'agissait d'un individu

asphyxié ou blessé, voir les numéros 119, 120, 121, 122, 123 et 124.

188. D. *Que doit faire le chef de poste à l'arrivée du cavalier d'ordonnance porteur des feuilles de rapport?*

R. Vérifier si les rapports, feuilles de patrouille et mots d'ordre sont bien ceux destinés à son poste, et signer ensuite le bulletin du cavalier d'ordonnance.

« Les rapports et feuilles
« de patrouille seront rendus
« à six heures quarante minutes
« du matin au poste de l'officier
« de garde à la préfecture de
« police. »

189. D. *Un chef de poste peut-il permettre le dépôt d'objets dans son poste, et quelles sont les formalités à remplir pour les objets saisis déposés au poste?*

R. Aucun dépôt d'objets ne peut être fait dans le poste, ni dans l'intérieur ou extérieur des grilles, non plus qu'auprès des guérites, sans un ordre de l'autorité.

Les objets saisis déposés dans les postes doivent être étiquetés, s'ils doivent y rester un certain temps; mais s'ils n'y sont déposés que momentanément et pour debarrasser la voie publique, on ne doit point exiger cette formalité.

190. D. *Quelle attention le chef de poste doit-il avoir relativement à la température de son poste?*

R. Dans l'intérêt de la santé de ses hommes, il doit veiller à ce que la température de son poste ne fasse pas monter le thermomètre au-dessus de 16 degrés dans les temps ordinaires, et au-dessus de 20 dans les grands froids.

191. D. *Par qui doit être faite la théorie dans un poste?*

R. Une heure après son arrivée, le chef de poste réunit tous les hommes qui lui restent, et leur fait une théorie sur le service des places et patrouilles, en se servant de l'exemplaire de l'Instruction municipale déposé à son poste. Pour la rédaction des procès-verbaux, il a recours au Formulaire également déposé au poste.

192. D. *Que doit faire le chef de poste pour entretenir son poste dans un état parfait de propreté?*

R. En l'absence de la personne chargée de nettoyer le poste, un homme de garde est commandé à tour de rôle pour le balayer aussi souvent que cela est nécessaire.

Les brosses et le cirage doivent être déposés dans la boîte à ce destinée ; les gardes ne doivent se décrotter que sur cette boîte ; la vaisselle et les couverts doivent être lavés après le repas et placés dans l'armoire du poste.

193. D. *A quelle heure doit-on prendre la coiffe de schako, capote, képi, couvre-giberne, capote de guérite et gants?*

R. La capote, le couvre-giberne et la coiffe du schako ne sont mis en été qu'à l'heure de la retraite et retirés à six heures du matin. Lorsque la troupe est en tenue d'hiver, la coiffe de schako et le couvre-giberne sont conservés ; le képi n'est porté que dans l'intérieur du poste : toute autre coiffure est formellement interdite. Les gants sont retirés en arrivant au poste ; les factionnaires seulement les conservent pendant leur faction.

Les capotes de guérite sont portées pendant les vingt-quatre heures dans les froids rigoureux ; quand le temps le permet, elles ne sont délivrées qu'à six heures du soir et retirées à huit heures du matin.

194. D. *Quel est l'emploi des manteaux de patrouille et des caparaçons dans les postes.*

R. Les manteaux de patrouille sont destinés au service des patrouilles ; cependant, dans les postes qui fournissent des plantons en sabre pendant le jour, ou des ordonnances, on peut autoriser ces hommes à s'en servir; ils ne sont employés que dans les temps de pluie ou lorsqu'il fait extrêmement froid; à la rentrée des patrouilles, les manteaux sont suspendus aux chevilles pour les sécher, et nettoyés avant la descente de la garde.

Aussitôt la rentrée des chevaux d'ordonnance aux écuries, ils sont bouchonnés et couverts d'un caparaçon; tous les matins, les caparaçons sont brossés et suspendus aux chevilles.

Défense expresse est faite de se servir sur les lits de camp des manteaux de patrouille ou caparaçons.

195. D. *Comment doivent être réparties les rétributions faites dans les postes?*

R. Elles ne peuvent être que volontaires pour toute espèce de réquisition, et dans ce cas elles sont réparties de la manière suivante : le maréchal des logis le double des gardes, et le brigadier moitié en sus des gardes.

Quant aux cavaliers de service dans les différentes administrations, les indemnités qu'ils doivent recevoir pour courses extra-muros appartiennent en entier aux hommes qui les ont faites; mais ils sont tenus de faire manger une demi-ration d'avoine à leurs chevaux avant leur retour au poste.

196. D. *Où doivent être conduits les militaires arrêtés?*

R. Voir le numéro 49 de la présente Instruction.

197. D. *Comment doit-on numéroter les hommes dans*

R. Le chef du poste, après avoir formé les hommes par

*les postes pour aller en fac-
tion?*

rang de taille, soit qu'il n'y
ait qu'une ou plusieurs compagnies, leur fait observer pour
aller en faction le numéro
d'après lequel ils ont été commandés dans leur compagnie.
Si le poste est formé de plusieurs détachements, chaque
compagnie alterne par semaine
pour prendre les premiers numéros de la faction; mais quels
que soient les numéros, les
hommes sont toujours placés
par rang de taille lorsqu'ils sont
sous les armes.

3ᵉ SECTION.

Devoirs généraux des Sentinelles.

Art. 198. Demande. *Quels
sont les devoirs généraux des
sentinelles?*

Réponse. Être attentives et
vigilantes, ne causer avec qui
que ce soit, surtout avec des
femmes, ne pas s'éloigner de
leur guérite à plus de trente
pas, être promptes à crier: *Aux
armes!* et arrêter la nuit les
rondes et les patrouilles pour les
faire reconnaître ou leur faire
donner le mot de ralliement.
Elles portent les armes aux patrouilles et les présentent aux
rondes, quand elles ont été
reconnues; elles croisent la
baïonnette quand elles croient
devoir se mettre en défense,
ou apprêtent les armes si elles
sont chargées *(art. 37 et 38 de
la Consigne générale).*
Elles portent les armes aux
détachements passant à portée
d'elles.

199. D. *Que doit faire la
sentinelle devant les armes à
l'égard des étrangers qui se*

R. De jour comme de nuit,
la sentinelle ne doit laisser entrer aucun étranger au corps-

présentent pour entrer dans le poste ?

de-garde sans qu'il se soit fait connaître et sans en avoir prévenu le chef de poste.

200. D. *Quand la sentinelle devant les armes doit-elle crier : Aux armes ! le jour ?*

R. Quand elle aperçoit l'Empereur, les ministres, les maréchaux de France, les cardinaux, le Sénat, le Corps législatif, les généraux de division, les archevêques, la Cour de cassation, Cour d'appel, Cour criminelle, tribunaux de première instance, mairies en corps avec escorte, les évêques, généraux de brigade, préfets avec escorte, les rondes d'officiers supérieurs de la division, de la place, de la garnison ou du corps, les rondes des capitaines d'état-major de la division, de la place ou du corps, les troupes et détachements armés.

201. D. *Quand la sentinelle devant les armes doit-elle crier : Aux armes! la nuit ?*

R. Lorsqu'il se présente une ronde d'officier général, du commandant de la place, d'officier supérieur ou une ronde major.

202. D. *Que doit faire une sentinelle qui entend crier au feu ou qui l'aperçoit ?*

R. Elle répète ce cri, afin que, de sentinelle en sentinelle, il parvienne jusqu'au poste.

203. D. *Que doit-elle faire lorsqu'elle entend du bruit ou des querelles autour d'elle ?*

R. Elle crie : *A la garde!* et ce cri est répété de sentinelle en sentinelle jusqu'au poste.

204. D. *Que doit-elle faire lorsqu'elle voit ou entend marcher quelqu'un aussitôt la nuit fermée ?*

R. Elle doit apprêter les armes et crier : *Qui vive ?* et ne laisser passer personne qu'on n'ait répondu de manière à se faire connaître ; elle exige aussi que les allants et venants passent du côté opposé à celui où elle se trouve placée.

205. D. *Que ferait-elle, en temps de guerre, si l'on continuait à marcher sur elle sans lui répondre?*

R. Elle crierait : *Halte-là!* à trois reprises, et si on continuait à marcher encore, elle ferait feu, et se retirerait sur le poste en criant: *Aux armes!*

206. D. *Comment rend-elle les honneurs aux officiers généraux et supérieurs?*

R. Elle s'arrête, fait face à la personne, porte et présente les armes.

207. D. *Comment rend-elle les honneurs aux officiers subalternes, aux personnes portant la croix de la Légion d'honneur, et à une troupe armée passant devant elle?*

R. Elle s'arrête, fait face à la personne, porte les armes. Pendant le mauvais temps, elle reste reposée sur l'arme dans sa guérite ; mais elle en sort toutes les fois qu'elle voit s'approcher d'elle, pendant le jour, un officier général ou supérieur ; et, pendant la nuit, une troupe quelle qu'elle soit, une ronde ou une patrouille.

Lorsque des officiers en tenue du matin passent devant une sentinelle , celle-ci doit leur faire face , mettre l'arme au bras, la main droite dans le rang.

208. D. *Une sentinelle doit-elle recevoir des consignes d'une personne étrangère à son poste, ou se laisser relever par une autre personne que le brigadier de pose?*

R. Aucune sentinelle ne doit recevoir de consigne ni se laisser relever que par le brigadier de pose ; elle ne doit répéter sa consigne qu'en présence du brigadier de pose.

209. D. *Quels sont, la nuit, les devoirs d'une sentinelle isolée à l'égard des rondes et patrouilles et des détachements armés?*

R. Toute sentinelle éloignée de son poste doit arrêter les rondes et les patrouilles et les reconnaître. A cet effet, elle crie : *Qui vive!* Lorsqu'on lui a répondu : *Ronde* ou *Patrouille*, elle crie : *Halte à la troupe! Chef de patrouille, avance au mot de ralliement!* croise la baïonnette pour se mettre en défense et recevoir le mot de ralliement.

Si le mot est celui qu'elle a reçu de son brigadier de pose, elle laisse passer la ronde ou la patrouille, après lui avoir rendu compte de tout ce qu'elle a remarqué de nouveau pendant sa faction; elle reconnaît également les détachements armés, soit à pied, soit à cheval, en se conformant à ce qui est prescrit pour les patrouilles.

210. D. *Quels sont les devoirs des gardes à cheval envoyés en ordonnance ?*

R. Porter les dépêches dont ils sont chargés avec exactitude et sans s'arrêter : ils ne doivent, dans aucun cas, aller au galop, ni même au grand trot, surtout dans les rues étroites et populeuses.

211. D. *Quels sont les devoirs des gardes à cheval commandés pour le service des escortes ordinaires de l'Empereur ?*

R. Suivre l'itinéraire prescrit, se tenir à distance de cinquante pas les uns des autres, mettre la plus grande attention à ne pas heurter les passants avec leurs chevaux, et veiller avec soin à ce qu'aucun embarras ne puisse entraver ou compromettre le passage et la circulation des voitures de l'Empereur.

Le chef d'un détachement de cavalerie veille à ce que ses hommes soient placés convenablement à cheval, qu'ils observent leur distance et marchent botte à botte.

4e SECTION.

Manière de reconnaître les Rondes et Patrouilles.

ART. 212. Demande. *Quel est le devoir du chef de poste à l'égard des rondes et patrouilles?*

Réponse. Les rondes et patrouilles doivent toujours être reconnues avec célérité ; le chef du poste veille à ce que les deux gardes et le brigadier, dont il est parlé à l'art. 164, soient toujours prêts à sortir du poste.

213. D. *Comment doit-on reconnaître les rondes simples et les patrouilles?*

R. Lorsque la sentinelle, devant les armes, aperçoit une ronde ou une patrouille, elle crie : *Qui vive?* Si on lui répond : *Patrouille,* elle crie : *Halte-là! Brigadier, venez reconnaître patrouille!* Le brigadier, alors, sort du corps-de-garde, escorté par deux hommes qu'il établit quatre pas en avant de la sentinelle ; il se place lui-même deux pas en avant de son escorte, lui commande d'apprêter les armes et crie : *Qui vive?* Lorsqu'on lui a répondu, et qu'il a reconnu que c'est bien une patrouille, il crie : *Avance qui a l'ordre!* croise la baïonnette pour se mettre en défense contre celui qui s'avance, reçoit de lui le mot d'ordre, lui donne celui de ralliement et laisse passer. Pendant tout ce temps, et jusqu'à ce que le brigadier fasse porter les armes, son escorte et la sentinelle conservent la position des armes apprêtées.

Les patrouilles du poste rentrant au corps-de-garde, sous

4.

le titre de patrouilles finies, sont reconnues de la même manière ; il en est de même pour une simple ronde, en observant seulement que la sentinelle doit crier : *Brigadier, venez reconnaître ronde d'officier !*

214. D. *Comment doit-on reconnaître une ronde major ou supérieure ?*

R. La sentinelle crie : *Qui vive ?* et lorsqu'il lui a été répondu : *Ronde major* ou *supérieure*, elle crie : *Halte-là ! Brigadier, aux armes ! ronde major ou ronde supérieure.* A ce cri, le chef du poste fait prendre les armes à sa troupe, la fait sortir, l'établit dans le même ordre que pendant le jour, lui fait porter les armes et l'aligne ; le brigadier va reconnaître et place l'escorte comme il est dit à l'article précédent. Mais, au lieu de faire avancer à l'ordre, il crie : *Chef de poste, venez reconnaître ronde major ou ronde supérieure !* Alors le chef du poste se porte quatre pas en avant de l'escorte déjà établie, et, après avoir fait reconnaître de nouveau la ronde, il crie : *Avance à l'ordre !* reçoit le mot de ralliement et donne le mot d'ordre ayant l'épée à la main ; ensuite il fait rentrer l'escorte dans les rangs, reposer sur les armes, rend compte et fournit une nouvelle escorte, si elle lui est demandée.

215. D. *Les officiers supérieurs et capitaines du corps doivent-ils être reconnus comme rondes, lorsqu'ils se présentent devant les postes le jour ou la nuit ?*

R. Oui : la garde prend les armes et les repose, pendant le jour ; la nuit, la garde ne sort que pour les officiers supérieurs ; les capitaines sont reconnus comme simples rondes par un brigadier et deux gardes.

213. D. *A quelle heure doit-on reconnaître les rondes comme rondes de jour ou rondes de nuit, et quelle est la marque distinctive des officiers de la garde de Paris de service de ronde?*

R. Les rondes sont reconnues comme simples rondes de jour, aussitôt que le jour commence à paraître et jusqu'à la retraite ; elles sont reconnues comme rondes de nuit depuis la retraite jusqu'à la naissance Les officiers supérieurs, capitaines et lieutenants du corps, sont en tenue de service de leur arme et à cheval ; ils sont suivis d'une ordonnance à cheval qui marche à dix pas derrière eux.

Néanmoins, dans les temps de gelée, et lorsque la glace peut faire craindre des accidents, les officiers peuvent être autorisés à faire leur ronde à pied ; dans ce cas, ils sont reconnus comme s'ils étaient suivis d'une ordonnance.

La garde ne sort pas du poste pour la visite du lieutenant de surveillance des postes. Toutefois, lorsque le factionnaire l'aperçoit, il en prévient immédiatement le chef du poste, qui fait lever tous ses hommes, même ceux qui sont couchés, afin de les présenter dans la meilleure tenue possible à cet officier. Les gardes observent le silence.

217. D. *Comment doit-on reconnaître les rondes du commandant de la division, du commandant de la place et de l'inspecteur général?*

R. De la même manière que la ronde major ou supérieure, excepté que le chef du poste se fait escorter par deux hommes, qu'il adjoint aux deux qui sont déjà avec le brigadier, et qu'il se porte avec cette escort à huit pas en avant de la sentinelle placée devant les armes.

218. D. *Que doit faire un*

R. Toute ronde, patrouille

<table>
<tr><td>

chef de poste à l'égard des ron-
des, patrouilles ou détache-
ments qui n'auraient pas le mot
d'ordre?

</td><td>

ou détachement qui n'a pas le
mot d'ordre est arrêté, désar-
mé et conduit sous bonne et
sûre garde à l'étta-major de la
place.

</td></tr>
<tr><td>

219. D. *Le chef d'un poste*
doit-il permettre aux patrouil-
les qu'il a reconnues d'entrer
dans son poste?

</td><td>

R. A moins d'une nécessité
évidente, les patrouilles n'en-
trent point au corps-de-garde;
les chefs y sont seuls admis
pour signer les feuilles du
rapport.
Si le chef d'une patrouille
ne sait pas signer, le chef du
poste porte sur son rapport
l'heure à laquelle cette pa-
trouille s'est présentée, à quel
régiment elle appartient, et
que le chef ne savait pas signer.

</td></tr>
</table>

OBSERVATIONS.

Les patrouilles qui sortent de Paris doivent donner le mot
d'ordre de l'intérieur lorsqu'elles sont reconnues aux postes
des barrières, et elles doivent donner celui de l'extérieur
quand elles sont reconnues hors barrière et pour rentrer dans
Paris. (*Décision du 1er mars 1846.*)

5e SECTION.

Honneurs à rendre.

Décret du 24 messidor an XII.

<table>
<tr><td>

ART. 220. Demande. *Com-*
rend-on les honneurs à l'Em-
pereur?

</td><td>

Réponse. La garde et les sen-
tinelles présentent les armes,
le tambour bat aux champs,
l'officier salue de l'épée.

</td></tr>
<tr><td>

221. D. *Comment rend-on*
les honneurs aux princes
français, ministres, maré-
chaux de France et généraux
en chef?

</td><td>

R. La garde porte les armes,
les sentinelles les présentent,
le tambour bat aux champs.

</td></tr>
</table>

222. D. *Comment rend-on les honneurs au Sénat, au Corps législatif, au conseil d'Etat en corps, aux généraux de division, cardinaux, archevêques et évêques?*

R. La garde porte les armes, les sentinelles les présentent, le tambour rappelle.

223. D. *Comment rend-on les honneurs à la Cour de cassation en corps?*

R. La garde et les sentinelles présentent les armes, le tambour rappelle.

224. D. *Comment rend-on les honneurs à la Cour d'appel et à la Cour des comptes en corps?*

R. La garde porte les armes, les sentinelles les présentent, le tambour rappelle.

225. D. *Comment rend-on les honneurs à la Cour criminelle, au tribunal de première instance et au corps municipal en corps?*

R. La garde sort du poste et met l'arme au pied, le tambour est prêt à battre.

226. D. *Comment rend-on les honneurs aux généraux de brigade et aux préfets avec escorte?*

R. La garde porte les armes, les sentinelles les présentent, le tambour est prêt à battre.

227. D. *Les gardes et sentinelles doivent-elles rendre les honneurs à toute heure?*

R. Non: pendant la nuit, la garde d'un poste ne rend point d'honneurs; les sentinelles portent les armes aux patrouilles et les présentent aux rondes.

228. D. *Que fait un chef de poste lorsqu'un officier supérieur ou un capitaine commandé par l'état-major de la place se présente le jour pour la visite du poste?*

R. Il fait sortir la garde et lui fait prendre la position du soldat l'arme au pied; mais si un officier général faisait la tournée des postes, la garde lui rendrait les honneurs dus à son grade.

Les postes de cavalerie, dans les différentes administrations, doivent également se mettre sous les armes.

229. D. *Comment deux trou-*

R. A douze ou quinze pas,

pes qui marchent à la rencontre l'une de l'autre se rendent-elles les honneurs ?

leurs chefs font porter les armes sans s'arrêter, et appuient de manière à se céder mutuellement la droite. Le chef le moins élevé en grade rend les honneurs le premier ; s'ils sont d'un grade égal, ils se rendent les honneurs en même temps ; les tambours battent aux champs.

230. D. *Comment une troupe qui passe devant un poste ou devant une troupe formée en bataille doit-elle rendre les honneurs ?*

R. A douze ou quinze pas du poste ou de la troupe, le commandant du détachement fait serrer les rangs, porter les armes, les tambours battent aux champs ; le poste ou la troupe doivent lui rendre les mêmes honneurs. Lorsqu'il a dépassé de quinze pas la troupe ou le poste, il fait mettre l'arme sur l'épaule droite.

231. D. *Comment un chef de poste rend-il les honneurs à une troupe qui passe à portée de son poste ?*

R. Il fait prendre les armes à sa garde, la range en bataille, et fait mettre l'arme au bras ; aussitôt que la troupe qui passe porte les armes, il les fait également porter à la sienne, les tambours battent aux champs.

232. D. *Comment les honneurs sont-ils rendus par les gardes, les détachements ou les ordonnances en marche, s'ils se trouvent sur le passage de l'Empereur, ou d'un officier général, ou de tout autre officier ?*

R. Pour l'Empereur, la troupe arrête, fait face, met la baïonnette au canon, présente les armes, et le tambour bat aux champs ; l'officier salue.

Pour les officiers généraux, elle met l'arme au bras et continue de marcher.

Les ordonnances à pied ou à cheval, lorsqu'elles se trouvent sur le passage de l'Empereur, font face et présentent les armes.

En général, tous les militaires isolés, de service ou non, doivent s'arrêter, faire face et saluer quand ils se trouvent sur le passage de l'Empereur. Les ordonnances à pied, avec armes, doivent, lorsqu'elles passent devant un officier, porter l'arme dans le bras droit, sans s'arrêter (*art. 199 du service intérieur*). Lorsqu'elles ont à remettre une dépêche à un de leurs supérieurs ou à une autorité civile d'un rang élevé, elles présentent les armes, remettent la dépêche de la main droite et vont attendre le reçu à quelques pas de distance, l'arme au pied. Les ordonnances de cavalerie portent la main au casque.

6ᵉ SECTION.

Service des Patrouilles de nuit.

Art. 233. Demande. *Combien y a-t-il de sortes de patrouilles ?*

Réponse. Trois sortes :
1° Patrouilles armées d'infanterie ;
2° Patrouilles de cavalerie ;
3° Patrouilles de sûreté d'infanterie.

234. D. *Qu'entendez-vous par ces trois dénominations ?*

R. 1° Les patrouilles armées d'infanterie sont pourvues de toutes leurs armes ;
2° Celles de cavalerie sont à cheval avec sabre et pistolets ;
3° Celles de sûreté d'infanterie sont armées de sabre seulement sous la capote ou le manteau, suivant la saison, avec coiffe sur le schako.

235. D. *Comment sont fournies ces différentes patrouilles et quelle est leur composition ?*

R. 1° Les patrouilles armées d'infanterie et de cavalerie sont fournies par les postes armés rentrant des théâtres, bals et soirées, qui se fractionnent par quatre ou cinq hommes, commandés par un maréchal des logis ou brigadier, ou par le plus ancien garde de la patrouille. Les patrouilles de cavalerie sortant des casernes et des postes sont composées de deux hommes et d'un brigadier ou maréchal des logis, ou de trois hommes, dont le plus ancien est chef de patrouille ;

2° Les patrouilles de sûreté d'infanterie sont fournies, en nombre déterminé, par les casernes et les postes de sûreté.

Elles sont composées de deux hommes et d'un brigadier ou maréchal des logis, ou de trois gardes, dont le plus ancien est chef de patrouille.

236. D. *Comment doivent marcher ces différentes patrouilles ?*

R. 1° Les patrouilles armées marchent au pas ordinaire, en silence et l'arme sur l'épaule droite.

2° Les patrouilles de cavalerie marchent au pas sans accélérer l'allure ;

3° Les patrouilles de sûreté marchent en silence au pas ordinaire, chaque homme à la même hauteur à droite et à gauche de la rue le long des maisons; le chef de patrouille également le long des maisons, à douze pas derrière ses hommes.

237. D. *Quelle est la durée d'exploration de chaque espèce de patrouille ?*

R. 1° Elle est fixée à deux heures pour les patrouilles de sûreté, infanterie ou cavalerie, sortant des postes ou casernes ;

2° Pour les patrouilles armées, infanterie et cavalerie, sortant des théâtres et bals, ou soirées, au temps nécessaire pour le parcours indiqué sur l'itinéraire.

238. D. *Quelle attention les chefs de patrouille doivent-ils*

R. Ils doivent examiner le numéro et le nom du quartier

avoir relativement à l'itinéraire qui leur est remis, et comment doit se faire leur exploration?

qu'ils ont à explorer, la circonscription de ce quartier et les points plus particulièrement signalés à leur surveillance.

Ils emploient le temps fixé pour leur parcours à explorer tout ou partie des rues comprises dans le cercle qui leur est tracé ; cependant leur vigilance doit aussi s'étendre sur les lieux voisins de leur circonscription. Ils doivent s'y porter sans hésitation toutes les fois que leur concours peut devenir utile.

Les chefs de patrouille dont le parcours est déterminé doivent suivre leur itinéraire et se porter également partout où leur concours peut devenir utile.

Les chefs de patrouille font signer la feuille de service par le chef des postes indiqués sur leur itinéraire.

239. D. *Quels sont les devoirs généraux des chefs de patrouille ?*

R. Ils portent leur attention sur tout ce qui semble de nature à compromettre la sûreté publique ; ils s'arrêtent quelques instants dans les carrefours, afin d'observer les environs et de se porter promptement sur les lieux au moindre cri de détresse ou au moindre bruit qui pourrait faire soupçonner une effraction ou une escalade.

240. D. *Quels sont principalement les individus que les patrouilles doivent arrêter ?*

R. 1° Les vagabonds ;

2° Les individus porteurs d'armes ou instruments propres à commettre des crimes ;

3° Les individus poursuivis par la clameur publique ou surpris en flagrant délit de vol ou de meurtre ;

4° Les individus porteurs de paquets qui ne justifieraient pas de la légitime possession de ces paquets ;

5° Les individus circulant sur la voie publique qui troublent le repos des habitans par des chants ou du tapage, et qui ne cesseraient pas à la première injonction ;

6° Les individus qui se livrent à des voies de fait entre eux ;

7° Enfin, les militaires qui, après l'heure de l'appel, circulent dans les rues sans permission de leurs chefs.

241. D. *Quelles sont les principales contraventions qui doivent éveiller l'attention des chefs de patrouille ?*

R. 1° Celles qui concernent les constructions exécutées la nuit aux maisons riveraines de la voie publique ;

2° Les portes d'allées ouvertes ;

3° Les établissements publics ouverts après l'heure fixée pour leur fermeture, ou ceux occupés par des étrangers à la famille du chef de la maison, sans autorisation et après l'heure de la fermeture ;

4° Le bruit causé par les ouvriers à marteaux ou de toute autre profession bruyante qui travaillent hors des heures permises ;

5° Les voitures qui circulent sans être éclairées par deux lanternes ;

6° Enfin, les chefs de patrouille signalent les excavations qui existeraient sur la voie publique, et qui seraient de nature à compromettre la circulation.

242. D. *Où doivent être dé-posés les individus arrêtés par les patrouilles?*

R. Au poste le plus voisin du lieu de l'arrestation, et sur un ordre de consigne. (*Voir* les nᵒˢ 177, 178 et 179 du Formulaire des procès-verbaux.) Le chef de patrouille exige un reçu de la personne qu'il dépose.

S'ils s'agissait d'un militaire, il ne serait conduit à l'état-major de la place que le lende-demain matin. (*Voir*, pour ce dernier paragraphe, à l'art. 49.)

243. D. *En cas de meurtre ou autres événements graves qui nécessitent une instruction judiciaire d'urgence, que doit faire le chef de patrouille?*

R. Il doit opérer l'arrestation des coupables, prendre les ren-seignements nécessaires et faire prévenir immédiatement le commissaire de police du quar-tier de se rendre sur les lieux. En son absence, il constate l'événement ou le crime, con-formément à l'art. 11.

244. D. *Que doit faire un chef de patrouille s'il a con-naissance d'un incendie?*

R. Il doit prévenir immédia-tement les sapeurs-pompiers du poste le plus voisin et la ca-serne du corps la plus rappro-chée; il en donne également connaissance au commissaire de police du quartier.

245. D. *Quelle surveillance le chef de patrouille exerce-t-il sur les sentinelles placées sur son passage?*

R. Il s'assure si toutes font bien leur devoir, si elles sont vigilantes. Il est interdit aux chefs de patrouille de punir ou réprimander les sentinelles de la ligne: ils doivent, dans le cas où elles seraient en défaut, en prévenir le chef de leur poste et les signaler sur leur rapport.

246. D. *Que doivent men-tionner les rapports des chefs de patrouille?*

R. 1ᵒ Les arrestations opé-rées;

2ᵒ Les contraventions;

3ᵒ Les excavations qui exis-teraient à la voie publique;

4ᵒ Les incendies;

5° **Tous les événements survenus à leur connaissance.**

En cas d'arrestation, ils indiquent l'heure et le motif de l'arrestation, les nom, prénoms, âge, profession, demeure du prévenu, et le poste où il a été déposé.

247. D. *Que font deux patrouilles lorsqu'elles se rencontrent ou qu'elles rencontrent une ronde?*

R. La première qui aperçoit l'autre crie : *Qui vive ?* Celle-ci répond : *Patrouille de* tel *régiment.* La première patrouille s'annonce à son tour : le chef de patrouille le moins élevé en grade, ou, à grade égal, celui du régiment dont le numéro est le plus élevé donne le mot. Si c'est une ronde simple, le chef de patrouille recevra d'abord le mot d'ordre avant de donner le mot de ralliement. Si c'est une ronde supérieure ou ronde major, il recevra le mot de ralliement et donnera le mot d'ordre.

OBSERVATIONS.

Le service des patrouilles est très-important. Bien fait et bien dirigé, il assure la tranquillité des rues et fait la sûreté des habitants. Les chefs de patrouille ne sauraient donc y apporter trop de soin et d'attention.

Ceux qui explorent les quartiers limitrophes des barrières doivent se porter dans les rues qui aboutissent à ces barrières, afin de prévenir ou de réprimer les attaques ou querelles qui produisent trop souvent de déplorables résultats.

C'est en garantissant, à toute heure, les personnes et les propriétés contre les attaques des malfaiteurs, que la garde de Paris doit surtout se recommander à la reconnaissance des bons citoyens

7ᵉ SECTION.

Service dans les Incendies.

ART. 248. Demande. *Que doit faire un chef de poste lorsqu'il a connaissance d'un incendie dans les environs?*

Réponse. Il doit y envoyer un détachement proportionné à la force de son poste pour le maintien de l'ordre, et faire avertir de suite le commandant de la place, les sapeurs-pompiers, le commissaire de police et le chef du poste de la préfecture de police, qui en donne avis au préfet de police et au colonel.

249. D. *En l'absence d'un commissaire de police sur les lieux, que doit faire le chef d'un détachement envoyé à un incendie?*

R. S'il y a péril pour des individus, ou si le feu menace de faire des progrès, il peut ordonner et faire exécuter toutes les mesures d'urgence autorisées telles que faire ouvrir les portes, les communications, requérir le service personnel des habitants, etc., etc.; mais il doit le faire avec discernement, circonspection, et autant seulement qu'il y a danger pressant pour les personnes ou les propriétés. *(Voir l'art. 44.)*

250. D. *Quel est le devoir des sous-officiers et gardes de service à un incendie?*

R. Veiller au maintien de l'ordre, ne laisser enlever la chose de la valeur la plus minime qu'avec l'autorisation du maître de la maison; prévenir les vols qui sont presque toujours la suite des incendies; enfin, par leur vigilance, adoucir autant qu'il est en eux, pour la personne incendiée, les conséquences du sinistre qu'elle éprouve.

251. D. *Quels sont les de-*

R. S'informer des causes de

voirs d'un chef de détachement avant de quitter le lieu de l'incendie et à sa rentrée au quartier ?

l'incendie et en faire au colonel un rapport dans lequel il indique le nom du propriétaire incendié, la rue et le numéro de sa maison, l'évaluation présumée des pertes, s'il a pu la connaître; le nom et demeure des personnes blessées ou qui auraient péri; si propriété était assurée; enfin, la force des détachements venus sur les lieux, l'heure de leur arrivée et celle de leur départ.

252. D. *A qui doivent être remis les rapports des chefs de détachements du corps employés au lieu de l'incendie ?*

R. A l'officier commandant sur les lieux, qui les fait parvenir au colonel, en y joignant ses propres observations.

253. D. *Les particuliers invités à former la chaîne pour éteindre le feu, à fournir leurs chevaux pour le service des tonneaux et des pompes, à ouvrir leurs maisons pour laisser prendre de l'eau, ont-ils le droit de refuser ?*

R. Non : dans le cas d'incendie ou d'inondation ou autres calamités, celui qui, pouvant le faire, refuserait de prêter secours quand il est requis, est passible d'une amende de 6 à 18 fr., lorsque son refus a été constaté par procès-verbal (*art.* 175 *du Code pénal*).

OBSERVATIONS.

Ce service réclame des sous-officiers et gardes beaucoup d'activité et de sang-froid : il est d'un haut intérêt pour la capitale; car il s'agit ici de la propriété et de la vie des habitants. Les chefs de détachements n'omettront jamais de signaler le zèle, le courage et le dévouement dont les militaires du corps auraient fait preuve dans ces circonstances, afin de mettre le colonel à même de solliciter pour eux les récompenses que le gouvernement s'empresse toujours d'accorder à ceux qui s'en rendent dignes. Ils signaleront également les militaires du corps dont les effets auraient été détériorés ou qui auraient été blessés dans ce service; à l'égard de ces derniers, ils dresseront un procès-verbal en double expédition qu'ils adresseront au colonel.

Pour de simples feux de cheminées et autres qui ne donneraient aucune crainte sur leurs suites, on se bornera, sur l'avis des sapeurs-pompiers, aux précautions d'ordre, et il suffira que le chef du poste en fasse mention sur son rapport. (*Art. 27 de l'instruction sur le service de la place de Paris.*)

TARIF DES REMPLACEMENTS DE SERVICE.

Infanterie.	*Cavalerie.*
Garde de 24 heures.. 2f. »	Garde de 24 h. à ch.. 3 f. »
Piquet. .... 1 »	Id. à pied. 2 »
Planton de cuisine... » 75	Piquet à pied ou à ch. 1 »
	Planton de cuisine... » 75

Nota. Pour les théâtres, le remplaçant, cavalerie ou infanterie, touche la rétribution de celui qu'il remplace ; tout homme qui subit une punition ne peut se faire remplacer dans son service ou remplacer un de ses camarades.

CHAPITRE V.

Du service salarié

DANS LES

THÉATRES. JARDINS, ÉTABLISSEMENTS, BALS PUBLICS ET SOIRÉES PARTICULIÈRES.

—

1re SECTION.

Service dans les Théâtres.

ART. 234. Demande. *Quel est le but du service des gardes dans les théâtres?*

Réponse. De veiller au maintien de l'ordre, et, à cet effet, de prêter main-forte aux commissaires de police et officiers de paix, qui sont spécialement chargés de la police des théâtres. (*art. 1er de la Consigne générale.*)

255. D. *Quelle est l'autorité qui a le commandement sur la garde dans les théâtres?*

R. L'officier ou le sous-officier de service.

256. D. *Quel est le devoir du chef de poste dans un théâtre?*

R. Aussitôt l'arrivée du détachement qui doit précéder d'une heure l'ouverture des bureaux, le chef du poste s'assure de l'état des consignes, afin de rendre compte sur son rapport des dégradations qui y auraient été commises avant ou pendant son service. Il prend connaissance des modifications apportées à ces consignes, et se met à la disposition du commissaire de police ou de l'officier de paix, et reçoit ses instructions pour le placement des hommes chargés du maintien de l'ordre dans l'intérieur de la salle et dans l'établissement des queues formées à l'extérieur. En leur absence, il place de suite les hommes nécessaires à ce service. Lorsqu'il y a un service à cheval, le maréchal des logis ou le brigadier qui le commande ne met pied à terre qu'après l'arrivée des voitures. Il est également à cheval pendant le temps du défilé des voitures.

257. D. *Quelle recommandation doit-il faire aux gardes chargés de ce service?*

R. De veiller à ce que les files soient établies sur deux rangs, de ne favoriser qui que ce soit pour le faire arriver au bureau avant son tour, de faire prendre la queue à ceux qui voudraient en former une nouvelle, et de mettre dans ce service beaucoup de douceur, de prudence et d'honnêteté. (*Art. 6 de la Consigne générale.*)

Conformément à la décision du préfet de police, du 17 février 1845, les officiers de tout grade ainsi que les élèves de l'école impériale d'application d'état-major, peuvent entrer avec leur épée dans les salles de spectacle et autres lieux publics. Le dépôt des armes au vestiaire n'est obligatoire que pour les sous-officiers et soldats (*art. 8 de l'ord. du 12 fév.* 1828).

258. D. *Les gardes doivent-ils se mêler des querelles qui s'élèvent autour d'eux, et exercer une surveillance sur les billets d'entrée?*

R. Non : ils ne doivent intervenir dans les querelles que sur la réquisition du commissaire de police ou de l'officier de paix, et ils ne doivent, dans aucun cas, examiner les droits des personnes qui réclament leur entrée, à quelque titre que ce soit (*art.* 9 *et* 11 *de la Consigne générale*).

Toutefois, en l'absence des officiers de police, et lorsque des individus troubleront l'ordre d'une manière grave à l'intérieur ou à l'extérieur d'un théâtre, le chef du poste, sans attendre la réquisition expresse de ces fonctionnaires, agira comme en cas de flagrant délit, et, si c'est à l'intérieur du théâtre, il y pénétrera pour rétablir l'ordre et expulser les auteurs du trouble (*art.* 3 *de la Consigne générale*).

259. D. *Que doivent-ils faire en cas d'insulte ou de rébellion aux ordres et consignes?*

R. Arrêter immédiatement l'individu qui s'en sera rendu coupable, et le conduire au bureau de police du théâtre, devant le commissaire de police ou l'officier de paix (*art.* 5 *et* 12 *de la Consigne générale*).

260. D. *Quel est le devoir du chef de poste :*
1° Pendant la représentation?

R. Veiller à ce que ses subordonnés ne s'introduisent pas dans les loges des quatrièmes ou à toute autre place, les gardes ne devant pénétrer dans l'intérieur des salles que sur la réquisition du commissaire de police ou officier de paix (*art.* 4 *de la Consigne générale*); à ce qu'ils se tiennent dans le corps de-garde, quand il y en a un, et, dans tous les cas, à la portée du contrôle, prêts à répondre à toute réquisition légale qui leur serait faite. Il doit leur défendre de fumer, même sous le vestibule et le péristyle au devant du théâtre, pendant tout le temps du service (*art.* 10 *de la Consigne générale*).

2º *Au moment des entr'ac-*
tes ?

R. Faire sortir, un peu avant le baisser du rideau, les hommes restés disponibles, et veiller à ce qu'aucune confusion n'ait lieu par suite du mouvement d'entrée et de sortie qui se produit toujours pendant les entr'actes.

3º *A la fin du spectacle ?*

R. Réunir la troupe au commencement du dernier acte, placer, d'après les indications du commissaire de police ou de l'officier de paix, les factionnaires ou vedettes de manière à éviter tout encombrement susceptible de compromettre la libre circulation des voitures des spectateurs et du public.

Veiller à ce qu'aucun factionnaire ou vedette n'abandonne son poste sous aucun prétexte, avant l'entière évacuation de la salle et le défilé complet des voitures (*art. 14 de la Consigne générale*).

4º *Après le défilé ?*

R. Diviser la troupe par patrouilles de quatre gardes, commandés par un gradé, ou de quatre ou cinq gardes, dont le plus ancien est chef de patrouille. Remettre à chaque chef de patrouille l'itinéraire qui lui a été délivré par l'adjudant de la caserne.

261. D. *Les gardes de service dans un théâtre doivent-ils obtempérer aux réquisitions et exécuter les consignes qui leur seraient données directement par les officiers de police ou leurs agents ?*

R. Oui : lorsqu'il s'agit d'un service urgent ; et dans ce cas, ils font prévenir immédiatement le chef de poste ; mais, dans tout autre cas, ils ne doivent recevoir leurs consignes que par l'intermédiaire du chef qui les commande (*art. 3 de la Consigne générale*).

262. D. *S'il était demandé à un chef de poste un plus grand*

R. Oui : si l'on persiste à l'exiger , malgré les observations

nombre de factionnaires que celui indiqué par la consigne, devrait-il obtempérer à la réquisition?

qu'il devra faire sur ce surcroît de service. Il rendra compte au colonel des motifs de la réquisition et des observations qu'il aura faites.

263. D. *S'il était demandé à un chef de poste de théâtre des gardes pour un service étranger à celui de l'établissement, devrait-il obtempérer à cette demande?*

R. Non : à moins d'urgence et d'une réquisition écrite du commissaire de police ou officier de paix. Dans ce cas, il peut distraire quelques hommes de son poste ; mais s'il s'agissait de distraire de son service spécial la totalité de la garde, il ne pourrait le faire qu'en vertu d'un ordre émané du préfet de police ou du colonel (*art.* 8 *de la Consigne générale*).

264. D. *Que doit faire le chef de poste en cas d'événement extraordinaire?*

R. En cas d'incendie, de tumulte ou de rassemblement pouvant compromettre la tranquillité publique, soit au théâtre, soit dans les environs, la garde prend sur-le-champ les armes, et se tient prête à obtempérer aux réquisitions qui pourraient lui être faites par le commissaire de police de service, ou à agir sous le commandement du chef de poste, en cas de circonstances extraordinaires (*art.* 7 *de la Consigne générale*).

265. D. *Quel est le devoir des sous-officiers et gardes à l'égard des marchands de billets qui stationnent devant les théâtres?*

R. Prêter main-forte aux agents de l'autorité pour réprimer ces sortes de contraventions, et conduire les contrevenants devant le commissaire de police de service au théâtre.

Ils en agiront de même à l'égard des contrevenants qui, après avoir reçu l'invitation de se retirer, continueraient à racoler les passants, aux avenues du théâtre, pour leur vendre des billets, ou qui chercheraient à en acheter aux personnes qui sortent pendant les entr'actes (*ord. du 30 août* 1831).

266. **D.** *Comment doit être fait le rapport du chef de poste, et quel compte doit-il rendre des individus arrêtés par les agents de police ?*

R. Le rapport du chef du poste doit, en cette circonstance comme en toute autre, être clair et vrai, faire connaître les abus qu'il a reconnus, les fautes commises par les hommes de garde, ceux qui ont manqué à l'effectif commandé, les objets à fournir ou à réparer dans le corps-de-garde, et les événements survenus pendant le service. Ce rapport est présenté à l'administration du théâtre, qui y inscrit ses observations, si elle en a à faire, et qui, dans le cas contraire, se borne à signer, sans toutefois pouvoir régler la force du poste pour les représentations suivantes ; il est envoyé le matin au colonel (*art.* 13, *Consigne générale*). Toutes les fois que la garde est requise pour conduire au violon des individus arrêtés par les agents de la police, le chef du poste indique sur son rapport le nom de ces individus et le poste où ils ont été déposés.

Lorsque la garde de Paris est tournée en ridicule dans une pièce, le chef du poste en fait mention sur son rapport.

267. D. *A qui doit-on remettre les objets trouvés, soit sur la voie publique, soit dans l'intérieur des établissements ?*

R. Au chef du poste, qui les remet au commissaire de police ou à l'officier de paix de service ; il en prévient également le chef du contrôle. Dans le cas où il n'y aurait ni commissaire de police ni officier de paix, ces objets sont envoyés avec une note explicative au bureau de l'adjudant-major chargé de la direction du service du corps. Dans l'un ou l'autre cas, le chef du poste en fait toujours mention sur son rapport. Il est expressément défendu d'exiger aucune récompense de la part des personnes qui réclameraient ces objets. Tout militaire du corps qui, n'étant d'aucun service, trouve un objet, doit le faire parvenir à l'état-major du corps avec un bulletin indiquant le jour, l'heure et l'endroit où il l'a trouvé.

268. D. *Les gardes de théâtres doivent-elles rendre les honneurs militaires?*

R. Ces sortes de postes ne rendent les honneurs militaires à personne; toutefois, le factionnaire devant les armes rend les honneurs aux officiers passant en uniforme près de lui avant la retraite battue. Après la retraite, lorsque la ronde se présente devant lui, le factionnaire met l'arme au bras, la main dans le rang, fait face à l'officier de ronde, et se tient prêt à recevoir ses ordres.

Lors de l'arrivée de l'officier de ronde dans le corps-de-garde, tous les hommes se lèvent et gardent le silence; les cavaliers en vedette saluent leurs supérieurs, lorsqu'ils passent à portée d'eux avant que la retraite soit battue.

OBSERVATIONS.

Les sous-officiers et gardes ne doivent pas oublier que le public n'est réuni dans les théâtres que pour son amusement, et que si, dans l'intérêt du bon ordre et de la sûreté, on est forcé de prendre des précautions, c'est ici le cas plus qu'ailleurs de savoir allier la modération et la patience à la fermeté qui leur est recommandée dans l'exécution de leur service. Obligés d'exécuter une consigne trouvée gênante par les derniers arrivés, ils doivent, sans s'en départir en faveur de qui que ce

prudents ; ils éviteront tout ce qui, provoquant les individus soit, conserver le plus grand calme, se garder de toute expression choquante, adresser leurs observations avec honnêteté, et éviter avec soin toute espèce de rixes ou d'altercations qui produisent toujours le plus mauvais effet dans une foule tumultueuse et impatiente. Ils éviteront de donner lieu à de justes réclamations, de la part de cette foule, en prenant eux-mêmes des billets aux bureaux, ou en facilitant de toute autre manière des entrées de faveur interdites.

2ᵉ SECTION.

Service dans les Jardins, Établissements et Bals publics.

ART. 269. *Demande. Quel est le but du service de la garde de Paris dans les jardins, établissements et bals publics ?*

Réponse. **D**'y exercer une surveillance active, afin de prévenir les rixes et désordres que des gens ivres et des perturbateurs seraient disposés à y occasionner.

270. D. *Quels sont les devoirs d'un chef de poste, dans un jardin ou établissement public, relativement aux militaires de son poste ?*

R. Veiller à ce qu'ils ne boivent et mangent qu'entre eux lorsqu'ils obtiennent l'autorisation de prendre quelques rafraîchissements ; et enfin, qu'ils évitent de lier conversation avec des personnes étrangères à l'arme.

271. D. *Si un chef d'établissement public exigeait un service autre que celui relatif au maintien du bon ordre, le chef de poste devrait-il y obtempérer ?*

R. Non : il doit se renfermer exactement dans ses fonctions, qui ne sont relatives qu'au maintien du bon ordre.

272. D. *Existe-t-il des dispositions à prendre pour ouvrir un bal public dans Paris ?*

R. Oui : tout entrepreneur de bal public où l'on est admis en payant doit être pourvu d'une permission de la préfecture de police (*ord. du* 31 *mai* 1833).

273. D. *Dans les jardins, bals ou établissements publics, les gardes sont-ils sous les ordres des chefs de ces établissements et doivent-ils leur obéir ?*

R. Toutes les fois que les gardes sont placés sous le commandement d'un de leurs supérieurs, ils ne doivent obéir qu'à lui seul ; mais lorsqu'ils se trouvent isolés, ils reçoivent leurs consignes du chef de l'établissement, en ce qui touche l'ordre public, à moins qu'elles ne leur aient été données par un de leurs supérieurs avant leur départ.

274. D. *Quels sont les devoirs des sous-officiers et gardes de service dans les bals publics ou guinguettes?*

R. Interdire les danses indécentes et expulser les individus qui causent ainsi du scandale, mais seulement lorsqu'ils en sont requis par les officiers de police, ou d'après la demande expresse des chefs d'établissement, ou bien encore en l'absence des officiers de police lorsque ces danses empêchent le maintien du bon ordre.

275. D. *Quelle surviellance doit-on exercer envers les personnes qui se rendent dans les salles de danse des bals publics?*

R. Ne laisser entrer dans les salles de danse qui que ce soit avec des armes, cannes, bâtons ou parapluies. Les officiers seuls revêtus de leur uniforme et de leurs épaulettes ont le droit de conserver partout leurs armes (*ord. du 31 mai 1833*).

276. D. *A quelle heure doivent fermer les bals publics, et dans quel ordre la troupe doit-elle rentrer au quartier?*

R. A onze heures du soir, à moins d'une permission spéciale qui autorise à les prolonger plus avant dans la nuit (*ord. du 31 mai 1833*).

Le service terminé, le chef du poste divise sa troupe comme il est prescrit à l'art. 260, 4e paragraphe.

OBSERVATIONS.

Les sous-officiers et gardes de service dans les jardins, établissements et bals publics, doivent être calmes, fermes et

échauffés par la boisson à leur manquer d'égards, les obligerait d'employer des moyens de répression auxquels, avec plus de discernement, ils n'auraient point été réduits à recourir.

3ᵉ SECTION.

Service dans les Bals particuliers.

Art. 277. Demande. *Que doivent faire les sous-officiers et gardes commandés pour un bal, soit aux divers ministères, soit à des hôtels particuliers ?*

Réponse. Se concerter avec les maîtres des maisons ou leurs délégués pour les dispositions à prendre à l'intérieur, tant pour l'entrée que pour la sortie des voitures. Les cavaliers sont toujours à cheval au moment de l'entrée générale et de la sortie. Quant à l'ordre à établir à l'extérieur, s'il y a un officier de paix sur les lieux, ils reçoivent de lui les instructions ; sinon , ils organisent leur service suivant leur intelligence.

278. D. *Quelle attention doivent-ils avoir relativement à la voie publique ?*

R. Ils veillent à ce que la rue, principalement en face de la porte de l'hôtel par où les voitures entrent et sortent, ne soit point encombrée ; ils font en sorte que le public conserve toujours des moyens de circulation , et qu'aucun particulier n'ait à se plaindre d'être empêché de se rendre chez lui en voiture , parce qu'il aura plu à son voisin de donner une fête.

OBSERVATIONS.

Dans le cas exceptionel prévu dans cette section, les sous-officiers et gardes apporteront tout le zèle et l'intelligence nécessaires pour maintenir l'ordre et éviter les accidents.

TARIF DU SERVICE SALARIÉ.

THÉATRES, JARDINS, ÉTABLISSEMENTS ET BALS PUBLICS.

Infanterie et cavalerie à pied.	*Cavalerie à cheval.*
Maréchal des logis.... 2 f. »	Maréchal des logis.... 3 f. »
Brigadier............ 1 50	Brigadier........... 2 »
Gardes .... 1 »	Gardes. 1 50

Après minuit, la rétribution doit être doublée. Dans ce cas, le chef de poste fait constater l'heure à laquelle la représentation a été terminée, par le commissaire de police ou l'officier de paix de service au théâtre ou dans l'établissement.

BALS ET SOIRÉES CHEZ LES PARTICULIERS.

Il n'est dû que 5 fr. par homme, quel que soit le grade; la répartition s'en fait de la manière suivante : le maréchal des logis le double des gardes, le brigadier moitié en sus d'un garde. Il est expressément défendu au chef de poste d'exiger une rétribution plus forte que celle fixée par le tarif, sous peine de punition sévère.

Dans les services composés d'hommes à pied et à cheval, les sous-officiers, brigadiers et gardes à cheval touchent 50 cent. de plus que ceux d'infanterie. Cette somme est prélevée sur le prix total du service, avant tout partage.

CHAPITRE VI.

Des fautes contre la discipline.

ART. 279. Demande. *Quelles sont les principales fautes contre la discipline?*

Réponse. De la part de l'inférieur : 1º tout défaut d'obéissance (le refus d'obéissance est un délit);

2º Tout murmure, mauvais propos et signe de mécontentement envers ses supérieurs, tout manquement au respect qui leur est dû;

3° Toute violation de punition de discipline ;

4° Tout déréglement de conduite, la passion du jeu, le fait d'entrer dans les maisons de jeux autrement que pour le service, et l'habitude de contracter des dettes ;

5° Les querelles, soit entre militaires du corps, soit avec d'autres militaires ou des habitants ;

6° L'ivresse, soit qu'elle trouble ou non l'ordre public ;

7° Le manquement aux appels et toute absence non autorisée ;

8° Toute contravention aux règlements sur la police, la discipline, et sur les différentes partie du service ;

9° De la part du supérieur, toute négligence à punir les fautes commises par ses subordonnés et à en rendre compte à ses chefs; toute brutalité, propos outrageant ou déplacé envers eux ;

10° Enfin, tout ce qui, dans la conduite ou la vie habituelle du militaire, s'écarte de la règle, de l'ordre, de l'esprit d'obéissance et de la déférence que le subordonné doit à ses chefs (*art. 547 et 553 du décret du 1er mars 1854*).

11° Les militaires de la gendarmerie qui n'ont pas rejoint leur poste dans les dix jours qui suivent l'expiration de leur congé ou permission, et ceux qui, ayant quitté leur poste sans autorisation, ne l'ont pas rejoint dans les deux jours de leur disparition, sont réputés déserteurs et poursuivis comme tels, lors même qu'ils ont accompli le temps de service voulu par la loi de recrutement (*art. 578 du décret du 1er mars 1854*).

Punitions.

Les punitions sont proportionnées non seulement aux fautes, mais encore à la conduite habituelle du militaire, au temps de service qu'il a accompli, et enfin à la connaissance qu'il a acquise des règles de la discipline et du service spécial du corps; leur durée est fixée par le règlement du 2 novembre 1833 sur le service intérieur des troupes à pied et à cheval. Pour toute faute légère, la réprimande doit toujours être employée avant d'en venir à une punition.

Réclamations.

Tout militaire puni doit se soumettre immédiatement à sa punition sans aucun murmure; s'il croit être puni injustement ou arbitrairement, la réclamation lui est permise, mais il doit la faire hiérarchiquement; toutefois, dans le cas de deni de justice, il peut s'adresser directement au colonel.

Toute réclamation contre une punition qui n'est pas reconnue fondée en principe et en droit, entraîne une augmentation de punition.

Lorsqu'un militaire se présente devant un de ses supérieurs

pour lui adresser une réclamation, il se découvre, prend la position militaire et s'exprime avec calme et en termes respectueux.

Dans aucun cas les réclamations ne peuvent être collectives; toutes réclamations de cette nature seraient considérées comme une infraction grave aux règles de la discipline et entraîneraient une sévère repression.

Salut.

1° Lorsqu'un officier entre dans une chambrée, le brigadier, ou, en son absence, le plus ancien garde commande : *fixe;* les gardes se lèvent, se découvrent et observent le silence. Si c'est un officier général ou supérieur, ils se placent au pied de leur lit et prennent la position militaire.

2° Lorsque des militaires sont assis à la porte de leur poste et qu'un officier vient à passer à portée d'eux, ils se lèvent sans porter la main au shako ; il en est de même lorsqu'un officier entre dans le poste. Toutefois, lorsque les militaires sont couchés sur le lit de camp pour prendre du repos, ils ne sont pas obligés de se lever, à moins que l'officier ne soit de service.

3° Tous les militaires isolés qui se trouvent sur le passage de l'Empereur doivent lui faire face, s'arrêter et saluer; les ordonnances en armes présentent les armes, les cavaliers présentent le sabre. Les ordonnances en armes portent l'arme en sous-officier lorsqu'ils passent à portée de leurs supérieurs, mais sans s'arrêter; les cavaliers d'ordonnance portent la main au casque.

4° Conformémeut à l'art. 160 du décret du 1er mars 1854, les militaires du corps ne doivent point le salut aux sous-officiers de l'armée, mais ils ne doivent jamais s'écarter envers eux des règles de politesse et de déférence que les militaires de tous les corps se doivent entre eux.

5° Lorsque les militaires du corps passent à portée de leurs supérieurs de toutes armes, ils les saluent de la manière suivante : s'ils sont coiffés du shako, chapeau ou du casque, ils portent la main à la coiffure sans se découvrir; s'ils sont coiffés du képi, ils se découvrent; ce salut est fait à quatre pas du supérieur auquel il s'adresse. Lorsque des militaires se présentent à leur supérieur ou que leur supérieur leur adresse la parole, ils se découvrent ; s'ils sont coiffés du képi ou du chapeau ils prennent le chapeau de la main droite, par la corne du milieu, les quatre doigts en dedans, le pouce par-dessus, étendent le bras le long de la cuisse droite et prennent la position militaire. Ils portent la main droite au shako ou au casque s'ils ont cette coiffure.

Démissionnaires.

Les militaires peuvent donner leur démission au moment

de l'inspection générale ; mais ceux qui, dans l'intervalle d'une inspection générale à l'autre désirent quitter le corps, doivent produire à l'appui de leur démission le certificat du modèle n° 5, prescrit par la circulaire ministérielle du 21 septembre 1830, constatant qu'ils sont l'unique soutien de leur famille.

Tout militaire en instance de démission qui quitte le corps, sans attendre l'accéptation de sa démission par le ministre, est poursuivi comme déserteur et traduit devant un conseil de guerre.

Le ministre accorde aux militaires qui quittent le corps, et qui se sont distingués par leur moralité et leur bonne manière de servir, des certificats de bonne conduite n° 1.

Des certificats n° 2 sont délivrés aux militaires qui, sans être positivement de mauvais sujets, ont cependant subi plusieurs punitions graves pour fautes contre la discipline : les militaires auxquels ces certificats n° 2 sont délivrés ne peuvent être réadmis dans la gendarmerie.

Les militaires qui ont fait preuve d'inconduite soutenue ne reçoivent aucun certificat ; ils n'obtiennent qu'un congé de réforme du service de la gendarmerie.

Prolongations de congé.

Les prolongations de congé ne peuvent être accordées aux militaires du corps que par le ministre de la guerre, et, en aucun cas, par les généraux commandants les divisions et subdivisions territoriales ou actives. Les militaires qui se trouvent dans cette position perdent leur rappel de solde. (*Instruction ministérielle du 2o juillet* 1832; Journal militaire, 2ᵉ *semestre, p.* 36), en conséquence, tout militaire du corps qui se trouve dans la nécessité de solliciter une prolongation de congé, doit en faire la demande au ministre de la guerre par l'intermédiaire du commandant de la gendarmerie du département où il se trouve. Cette demande doit être accompagnée d'un certificat qui en constate la nécessité, et transmise assez à temps pour que l'intéressé puisse rejoindre le corps dans le délai prescrit pour l'expiration de son congé, si la prolongation qu'il sollicite ne lui est pas accordée.

Tout militaire en congé, qui dépasse les délais fixés pour la rentrée au corps, encourt une punition disciplinaire et la perte de son rappel de solde.

OBSERVATIONS.

La garde de Paris doit se faire remarquer par cette discipline des corps d'élite qui honore le soldat, parce qu'elle tient plus au sentiment élevé qu'il a de lui-même et de ses devoirs qu'à la crainte des punitions.

Les gardes, dans l'exécution de leur service, parlent et agissent toujours au nom de la loi. Cette considération leur fera comprendre combien il importe qu'ils se défendent de fréquenter les cabarets et de s'enivrer. Il est impossible de concilier la gravité de leurs fonctions avec ces habitudes d'ivresse qui déconsidèrent et dégradent l'homme dans toutes les positions de la vie. Aussi le décret du 1er mars 1854 dit formellement, art. 547 :

« L'habitude de s'enivrer, quand bien même elle ne serait
« pas accompagnée de circonstances aggravantes, suffit pour
« motiver l'exclusion du corps de la gendarmerie ; en consé-
« quence, cette exclusion peut être prononcée contre tout mi-
« litaire du corps qui, en peu d'années, a subi trois punitions
« pour cause d'ivresse. »

TABLE DES MATIÈRES.

CHAPITRE IV. — *Du service des postes.*

CHAPITRE V. — *Du service salarié dans les théâtres,*
jardins, établissements, bals publics et particuliers.

TABLE ALPHABÉTIQUE.

LÉAUTEY, Impr. de la Gendarmerie, rue St-Guillaume, 23.